TIAGO PETRECA

ARYA

o desnudar

de uma dentre

tantas almas

DVS EDITORA

São Paulo | 2024

ARYA
o desnudar de uma dentre tantas almas

DVS Editora 2024 - Todos os direitos para a língua portuguesa reservados pela Editora.

Nenhuma parte deste livro poderá ser reproduzida, armazenada em sistema de recuperação, ou transmitida por qualquer meio, seja na forma eletrônica, mecânica, fotocopiada, gravada ou qualquer outra, sem a autorização por escrito dos autores e da Editora.

Design de capa, projeto gráfico e diagramação: **Renata Vidal**
Ilustração de capa: **Elina Li / Shutterstock**
Ilustração de miolo (adaptada): **Rawpixel / Freepik**
Revisão: **Hellen Suzuki**

```
Dados Internacionais de Catalogação na Publicação (CIP)
     (Câmara Brasileira do Livro, SP, Brasil)

  Petreca, Tiago
     Arya : o desnudar de uma dentre tantas almas /
  Tiago Petreca. -- São Paulo : DVS Editora, 2024.

     ISBN 978-65-5695-123-2

     1. Autoajuda 2. Autoconhecimento
  3. Desenvolvimento pessoal 4. Imaginação I. Título.

24-207362                                      CDD-158.1
```

Índices para catálogo sistemático:

1. Desenvolvimento pessoal : Psicologia   158.1

Aline Graziele Benitez - Bibliotecária - CRB-1/3129

Nota: Muito cuidado e técnica foram empregados na edição deste livro. No entanto, não estamos livres de pequenos erros de digitação, problemas na impressão ou de uma dúvida conceitual. Para qualquer uma dessas hipóteses solicitamos a comunicação ao nosso serviço de atendimento através do e-mail: atendimento@dvseditora.com.br. Só assim poderemos ajudar a esclarecer suas dúvidas.

Sumário

5	PREFÁCIO
11	O PRINCÍPIO
15	FALA 01 | Um clarão que escureceu o dia.
19	FALA 02 | Uma folha ao vento.
23	FALA 03 | Só uma estrada de terra?
27	FALA 04 | A emergência de um diálogo.
31	FALA 05 | Na caverna de si.
35	FALA 06 | Crendo.
39	FALA 07 | Imperfeito.
43	FALA 08 | Na baía dos saberes.
49	FALA 09 | Luz, trevas, crescimento.
55	FALA 10 | Confuso?
61	FALA 11 | Em construção, cinzel do viver.
67	FALA 12 | Limiar.
73	FALA 13 | Em terra.
79	FALA 14 | Pensar o pensamento.

85	FALA 15 | Ainda pensando.
91	FALA 16 | Véu.
97	FALA 17 | Medo.
103	FALA 18 | Furacão ou, quem sabe, vulcão.
109	FALA 19 | Escolha primordial. Destino?
117	FALA 20 | Direção.
121	FALA 21 | Um nada divino.
125	FALA 22 | À margem.
131	FALA 23 | Do profundo.
137	FALA 24 | Sacrificio.
141	FALA 25 | Reflexo.
147	FALA 26 | Sobre o que você sabe.
151	FALA 27 | Entre dois bosques.
155	FALA 28 | Horizonte inescapável.
161	FALA 29 | Entre dois mundos.
165	FALA 30 | Quadro meu.
169	FALA 31 | Traços com sentido.
173	FALA 32 | Museu de si.
177	FALA 33 | Nosso fruto.
183	FALA 34 | Todos os dias.
187	NOTA DO AUTOR

PREFÁCIO É AQUILO que é dito antes. Ainda que seja escrito depois da escrita do autor, vem de fato antes da ação exercida pelo leitor.

Esse movimento multilíneo, de diferentes sujeitos que têm fundamentalmente diferentes perspectivas, é quase exatamente a descrição deste livro.

Já me explico!

Você tem em mãos mais que um livro! Vai nele o coração do autor, que se desnuda corajosamente no desejo ambicioso e solidário de que seu transbordamento toque e provoque o seu.

Conheço Tiago Petreca. Há vários, vários anos. Tenho o privilégio de assistir, quase num camarote, ao processo belo e intenso, árduo e disciplinado de busca de si mesmo, de sentido, de verdade.

Tiago é uma pessoa intensa, de abraço farto e acolhedor. Impossível cruzar com ele e não o notar! Cheio de iniciativa e bom humor, ele vai ao encontro de quem cruza seu caminho, sempre aberto a criar laços — daqueles que não prendem. Profissional apaixonado e entusiasmado, não deixa passar nenhuma oportunidade de aprendizagem, ao mesmo tempo que se realiza com a partilha do que descobre no caminho.

Aqui, Tiago — autor do livro porque autor da própria vida — descortina o mais profundo de si mesmo, trazendo a público seus movimentos interiores mais profundos, porque crê na força da escrita, da reflexão, da partilha.

Como ele diz:

"Muito do que abordarei aqui trata de experiências próprias que, em suma, tocam o sentido da vida, o sentido de cada momento que vivemos, estejamos totalmente presentes ou deslocados dele."

E escolhe a forma poética para "pensar alto" em cada texto, por acreditar que é das maneiras mais excelentes de se dizer algo e, ao mesmo tempo, provocar quem lê a pensar por si mesmo. Cito-o novamente:

"A escolha por um texto metafórico, até certo ponto poético, se deve à sua inerente potência de nos carregar para campos mais profundos de nosso pensar e de nosso sentir."

Tiago não tem medo de arriscar. É uma característica dele. E este livro é prova disso. Não somente pela bravura de descortinar o próprio interior, mas também por alçar voz num universo hoje quase saturado de palavras. Mais das vezes, vazias. Ele sabe e crê quão necessário é o movimento para dentro de nós mesmos, quão urgente é fazer essa jornada para não nos desumanizarmos. E dá o passo. Toma a iniciativa. Põe a bola em campo.

Agora é com você!

Por isso, não vou estender este prefácio. Não há porquê. Especialmente no caso deste livro, a missão de "dizer antes" é apenas a de preparar quem lê para acolher o "derramamento de si" realizado durante muitos anos pelo autor, de modo a tornar quem lê, na verdade, aquele que escreve. A própria história.

"Enjoy the trip!"
(Curta a viagem!)

MARIA TERESA C. R. MOREIRA
Poeta

⊙ PRI

NCÍPIO
NCÍPIO
NCÍPIO

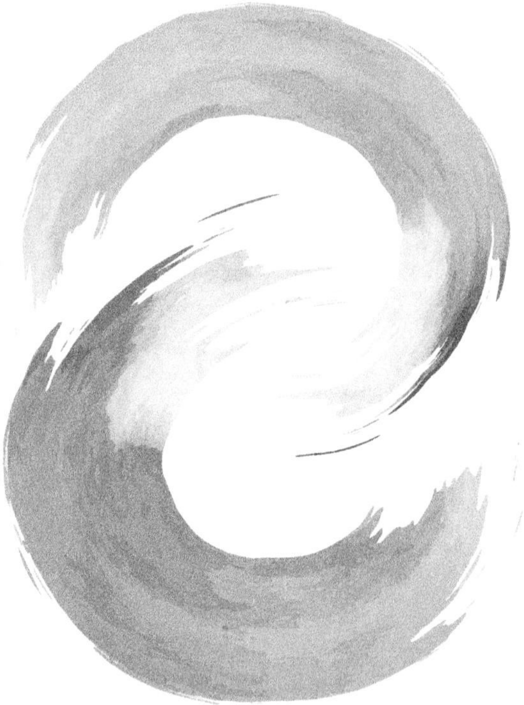

O LUGAR ERA LIMPO. A luz entrava com cautela, deixando parte daquele lugar sob as sombras. No canto uma cadeira repousava, convidando seu visitante a fazer o mesmo.

O silêncio era inadequadamente confortável. Pedia que o repouso desejado fosse feito na solidão. Havia uma inquietude naquela alma que impedia o cerrar de olhos necessário.

Ainda sem condições de repousar, retirou-se daquele aposento e foi caminhar. Passos lentos, menos firmes do que os de costume, pois não mais estava sob o manto dos compromissos diários. Naquele lugar silencioso, ouvia os próprios passos. E não significavam nada. Apenas caminhava. Sentia uma leveza desconfortável. Sentou-se sobre uma pedra. Tinha perdido a noção de quanto caminhou. Ao olhar para os lados não via ninguém, apenas um mato denso e frio. Abraçou-se em busca de calor e acolhimento. Baixou a cabeça. Fechou os olhos. Ficou assim por um tempo. Estava só.

Abriu os olhos e deparou-se com uma figura peculiar. Careca, olhos amendoados, mãos sobre os joelhos, olhava para a natureza contemplando-a. Não havia pressa em sua presença. Com uma camiseta branca, calças pardas e sandália, levantou-se. Olhou para baixo como se convidasse a continuar a caminhada. Convite aceito, não se sabe o porquê, caminharam lentamente, em silêncio. Nenhuma palavra havia sido trocada até então. O caminho escolhido era o de volta, porém diferente. Não mais suportando o silêncio da caminhada, perguntou:

A Quem é você?

C Aquele que tens chamado há muito tempo.

A Mas não chamei ninguém.

C Talvez não tenha dito algum nome, usado tua voz ou até mesmo dado um sinal com tuas mãos. Mas chama-me sempre.

A Qual o teu nome?

C Não o tenho em definitivo. Tu me nomeias como achas melhor.

A Mas se te chamei e não sei porque exatamente, o que podes querer de mim?

C Conversar. Ao menos de uma forma diferente de como tens conversado. Venha, preparei um chá para você.

Com desconfiança, mas com certa segurança, caminhou até uma sala que antes não se havia notado. Apenas duas cadeiras, uma de cada lado de uma mesa central, onde repousava um bule branco e duas xícaras. O aroma do chá era acolhedor. O vapor que saía do bico do bule dançava suavemente. Sentaram-se! O chá foi colocado pela figura peculiar. Sua cor dourada era linda e fazia o brilho da porcelana ainda mais intenso. Disse ele:

C Beba sem pressa. Um pequeno gole de cada vez.

A Do que é feito este chá? — Perguntou antes de beber.

C Caramelo com chá-branco. Doce e suave, você verá.

Experimentou um sabor que nunca havia experimentado antes. Sentia-se melhor.

C Respire fundo! — Disse.

Ao fazê-lo, mais do que ar e aroma, sentiu um despertar! Sentiu vontade de falar, mas de um jeito diferente.

C Agora, você deve apenas concentrar-se nas palavras que lhe vierem. Não as obstrua, não as modifique, apenas fale.

FALA 01

Um clarão que escureceu o dia.

«GALHOS SECOS REPOUSARAM em meu peito. Afiados pela secura que experimentava no seu deserto em que apenas se desdobrava porque continuava viva dia após dia, rasgavam-me, inclusive minha pele, sem que cortes aparentes surgissem. Não por isso, mas apesar disso, uma dor intensa e persistente tocava meu peito. Aos olhos dos doutores, pouco justificava tal dor, mesmo que sem fogo, havia fumaça.

Embora embrenhados em mim, os galhos secos não estavam escondidos, nem protegidos de eventuais fagulhas suspensas no ar. Como havia de acontecer, em um dia qualquer, uma dessas fagulhas repousou sorrateira sobre aqueles galhos que portavam lâminas cortantes. Aos poucos, um fogo se acendeu. Um clarão surgiu.

Meus olhos se abriram, mas minha visão se escureceu. Imaginei que veria o caminho, mas entrei em uma caverna. Meus dragões acordaram, e de suas bocas infernais o clarão que cegava se fez mais intenso. Eu rogava por suas asas, e não seu fogo. Mas somente a labareda ardente pude ter."

C Isso! — Disse, com uma alegria que parecia não condizer com o momento. — Temos aqui o princípio de uma boa exploração. Como se sente?

A Há uma certa confusão. Não tenho certeza do que isso quer dizer, mas sinto o que você disse. Uma exploração que sempre desejei fazer, mas que não sabia como começar. Pareceu-me um relato de algo que nunca vi acontecer, mas soa como uma verdade em mim. Sinto o queimar como se algo ardesse dentro de mim.

C Ótimo! Parece-me que algo ainda te incomoda. Tome mais um gole do chá e me conte.

FALA 02

Uma folha ao vento.

"POR DIVERSAS VEZES, tive a impressão de que o caminho de algumas pessoas já estava determinado. Havia tanta clareza quanto ao que buscar. A vontade que demonstravam era muito concreta. Verdadeiras flechas miradas, intencionalmente, por mãos habilidosas de um arqueiro experiente. Parecem voar com precisão em direção ao alvo, furando o espesso ar da incerteza, abrindo caminho a um destino que me parece claro desde o berço que um dia as acolheu.

Apenas impressões, mas que se materializam em uma perspectiva assombrosa: será que só a mim não foi dado o benefício de um alvo claro e certeiro? Aquele ar espesso, em minha realidade, transformou-se em ventos fortes que me faziam sentir como uma folha solta. Como se arrancado do livro da existência, vagasse solto ao sabor amargo de correntes errantes.

Assim me vejo em uma vida errante. Para mim, parece que tudo se torna incerto. Procuro certezas! Certeza de que tudo dará certo, certeza de que o caminho está traçado e que basta segui-lo. Certeza de que se deve ter certezas claras e nítidas. Certeza de que os esforços não serão em vão. Essas certezas...

Continuo vagando no colo de ventos incertos. Porém mesmo os ventos mais impiedosos, uma hora, param de soprar. Assim, aquela folha em branco repousa, cansada, em parte amassada pelos golpes que tomou.

Mas no repouso, no vazio de seu branco profundo, está um convite: escrever! Este convite ofusca a mente, mas coloca as mãos em ação. Dá-se início a uma escrita errante, contudo ainda uma escrita que começa a delinear traços certos. Certos apenas em si, no ato de escrever, de colocar aquilo que suas mãos querem realizar.

No início não faz muito sentido, embora as palavras signifiquem alguma coisa. Esse aglomerado de significados, aparentemente díspares, cria um senso de sentido.
Algo está acontecendo pelo esforço de minhas mãos. Algo começa a ganhar forma correndo por traços que encontram rugas e vales nessa folha que antes estava vazia.

Será que um alvo começa a aparecer? A mente, antes ofuscada, acalmou-se no deitar de palavras encadeadas aleatoriamente.

Levanto voo, que em princípio parece ser a obra de asas que se abriram, mas não! É aquele vento que novamente carrega a folha solta de volta aos ares. Entretanto, será que as poucas linhas escritas, na calmaria, chegam a criar algum peso que trará estabilidade ao voo errante?

Um pouco mais consciente, é possível perceber que ainda se consegue escrever sobre a folha que vaga. Não mais com o esforço das mãos, e sim com a obra da alma que sabe delinear seus traços com caneta invisível, mas tinta legível.

O vento sempre soprará, e essa folha, por ele carregada, só se faz errante enquanto não se transforma na vela que aprende a usar a força do sopro Divino em prol de singrar os mares de sua própria existência, aceitando que as águas profundas escondem os segredos de sua jornada."

Num susto, largou a caneta, que agora rolava sobre a mesa até a xícara daquele que olhava atentamente a cena.

A Eu escrevi isso? Como assim?

C Sim. — Disse, sorrindo. A caneta e o papel estavam sobre a mesa o tempo todo. Você apenas não os havia notado. Perdemos muito da vida que se apresenta enquanto estamos distraídos em nossos próprios pensamentos.

A Nem percebi quando peguei o papel e a caneta. Não me vi escrevendo. Isso é muito estranho.

C Sim. — Falou carinhosamente e complementou — Era de se esperar que assim o fosse. Você não estava prestando atenção ao que fazia. Estamos focados neste momento em te ajudar a expressar tudo o que tens dentro de ti para que ao encontrar-se possa então reconhecer-se. Falar, escrever, dançar, cantar são meios que você poderá usar para trazer à tona o que precisa ser visto. Mas, continue!

FALA 03

Só uma estrada de terra?

"PARA CHEGAR AO DESTINO daquele dia, foi necessário passar por uma longa estrada de terra. Embora não fosse das piores, ainda assim exigia atenção e velocidade baixa. Até então, vinha rápido, sobre estrada pavimentada, muito bem sinalizada, com penalidades à vista. Podia viajar enquanto a mente vagava livre, descolada daquele asfalto bem cuidado. Até mesmo um "piloto automático" era fácil de usar.

De repente, a estrada transmutou-se naquela cheia de pedregulhos, curvas fechadas, escorregadia e com trechos bem estreitos. Era lindo ver a natureza margeando a trajetória, contornando o caminho de forma esplêndida à luz do dia. Entretanto tais condições exigiam um dirigir bem diferente. As sinalizações eram poucas e sutis. A atenção não mais poderia galopar livremente, por mais que os cavaleiros com quem se podia cruzar na estrada lhe fizessem tal convite poético. Os olhos tinham que estar presentes em todo o caminho, que, embora curto, tomava um longo tempo para se concluir.

Veio à mente a condição do carro e a gratidão por tê-lo deixado preparado para uma viagem em condições adversas.

Quando se percorrem caminhos desses pela primeira vez, realmente parece que a estrada não tem fim, principalmente se vem na carona a vontade de chegar logo. Este é um passageiro inquieto e falante que facilmente pode atrapalhar sua atenção.

A estrada sinuosa não permitia ver muito longe, e a cada curva, uma surpresa. Por isso, calma! Não pare e não acelere, mantenha o ritmo da viagem e os olhos grudados na estrada.

A luz do dia parece parte do cenário, mas quando ela descansa vem a inquietude. Vê-se menos ainda do caminho, apenas onde o farol alcança. Embora seja o mesmo cenário, na ausência da luz torna-se outro.

Ao chegar ao destino, um encontro inédito de olhares entre pessoas que se reuniram para fazer a mesma jornada.

Será que se atentos à jornada teremos uma aventura de encontros conosco mesmos? Mal sabia eu! Se soubesse, já no início, teria notado que aquela estrada de terra já me avisara como seria a estrada que eu estava prestes a pegar."

A Lembro-me desse dia! — Falou com espanto —. Mas não havia notado tudo isso. Pior, não fazia ideia do que uma viagem breve em uma estrada de terra poderia significar. Na verdade, nem parece que sou eu falando.

C Por quê?

A Há certeza nessa fala. Algum tipo de reconhecimento quanto ao que nos espera ao viver. Algum tipo de orientação que eu não saberia dar a ninguém, muito menos a mim.

C Você já deve ter ouvido que muitas das respostas que procuramos estão dentro de nós mesmos. Praticamente um clichê. Mas como tantos, muito pouco compreendido. Deixe-me lhe dizer algo: as respostas estão em nós porque somos seres que transcendem essa matéria que você chama de corpo. Trata-se de crença para muitos e de uma verdade prática para poucos. Experimentar esse algo a mais é necessário para a exploração que você está fazendo. Nesse campo maior, ao qual podemos ter acesso, estão as respostas que se deseja encontrar. Mas, por vezes, buscamos fora, erramos na pergunta. O canal que temos para chegar ao que procuramos é por dentro de nós mesmos. Mas isso soa estranho, pois não há um caminho palpável, materialmente visível, apenas sensitivo. O que estamos fazendo nada mais é do que encontrando este meio. O chá que você está bebendo nada mais faz do que te ajudar a acalmar a mente. Na verdade, não é o chá em si, mas a circunstância na qual ele está sendo ingerido. Não tem nada de mágico, apenas quietude da mente para que por ela possamos beber um pouco mais do que já nos é disponível. E o chá é muito gostoso, não?

A Sim! Pode me servir um pouco mais?

FALA 04

A emergência de um diálogo.

"DOIS SE ENCONTRARAM, mas parecia uma multidão. A polifonia das ideias trocadas rasgava o recinto como trovões em plena tempestade. Inundavam, um ao outro, com suas inquietações, dúvidas e histórias. Correntezas intermináveis carregavam a intenção mútua por descobrir-se e encontrar um ao outro. Era um encontro de semelhantes, habitantes de um mesmo lugar, ainda que muito diferentes. Uma conversa que buscava desvelar ideias que ainda não haviam se materializado em relatos, que ainda não haviam sido ouvidas pelos ouvidos de seu próprio criador. Um entregar de si ao outro que leva a um encontro consigo mesmo. Confundiam-se os papéis nessa conversa. Identidades se misturavam e se separavam como em uma dança não ensaiada, porém harmônica. Um diálogo sincero, daqueles que quando a coragem permite se trava ao espelho, que embora inerte nos obriga olhar em nossos próprios olhos."

C Obrigado por agora envolver-me em sua experiência. Aceito o seu convite para que possamos agora buscar mais informações.

A Novamente não faço ideia do que falei, apenas ao falar tomo consciência do que é dito. Sim, parece que lhe fiz um convite, e mais, parece que estou começando a entender como nossa conversa se desenrola. Mas algo me chamou a atenção: eu falei de polifonia, trovões, e na verdade estamos em um lugar tão quieto. Você fala tão baixo, e eu acho que falo baixo também. Por que fiz essa referência?

C O uso dessas alegorias serve para aprofundar algo que vai além do que vemos. Uma representação mais ampla de uma experiência mais sutil. Trovões e polifonias tocam a ideia do barulho, do explosivo e até mesmo do confuso. Embora o oposto seria visto, se houvesse alguém nos assistindo agora, não quer dizer que dentro de você esses estrondos não estariam acontecendo.

A Tem razão! — Disse sem tanta surpresa, já que, embora sua fala fosse calma, sentia mesmo um borbulhar dentro de si.

C Perceba como suas falas vão lhe trazendo um mosaico. A construção de uma imagem ainda incompleta, mas cujas partes, trazidas uma a uma, vão se encaixando adequadamente para o fim que você busca.

Consentiu com a cabeça e não disse mais nada. Segurou a caneta nas mãos. Olhou para aquele papel onde antes escreveu, mas não redigiu nada. Um silêncio tomou conta do lugar. Nem mesmo os pássaros cantavam. O vento não soprava lá fora. Os olhares não se encontravam. Silêncio, dentro e fora.

FALA 05

Na caverna de si.

LEVANTOU A CABEÇA, olhou ao redor. Repousou a caneta sobre o papel, fechou os olhos e falou:

"Quando enfrentamos desafios mais profundos, a vontade é de resolvê-los o mais rápido possível. Refiro-me ao sofrimento.

Há desafios que queremos enfrentar, que escolhemos e cuja existência nos anima. Porém há desafios que se apresentam sem que os desejemos, que como um grande buraco sob nossos pés aparece do nada e nos engole direto para suas entranhas, na escuridão do desconhecido, incitando-nos a crer que seremos digeridos sem dó nem piedade, como que se apenas satisfazendo os desejos famintos de um destino frio que segue sua existência, como se nossa individualidade fosse apenas uma mera fonte de nutrientes para mais um dia qualquer de seu viver.

Naquelas entranhas experimentando uma escuridão absoluta, que impede o melhor vidente de enxergar um palmo à sua frente, o medo corrói nosso interior como que se aquele ser que nos engoliu fosse capaz de começar a digestão a partir das entranhas de quem fora engolido. Uma *sensação aterradora na qual parece que aquilo que nos dissolverá está tanto fora como dentro da gente.*

O desejo que brota de nossa profundeza frente a essa angústia devoradora é sair daquele lugar o quanto antes, fazer aquele sofrimento todo desaparecer. Embora pareça mágica, a forma como aquele buraco nos engolira, não será mágico escapar de suas entranhas. Saber disso é libertador e amedrontador, como noite e dia coexistindo sob os mesmos olhos.

Naquela caverna estamos frente ao desafio de buscar uma saída. Olhamos para cima e aquele buraco não está mais lá. Tudo escuro! Nem sabemos se o teto daquela caverna existe. Se é baixo ou alto. Apenas nosso toque corajoso poderá sentir suas paredes, os perigos e as oportunidades que elas trazem. Há que se erguer, embora um mero engatinhar seja tudo que podemos fazer no princípio.

Amedrontados os primeiros toques se estendem por onde antes apenas sentávamos encolhidos, querendo proteção e esconderijo.

Em princípio nos abrimos um pouco. Levamos adiante nossas mãos, joelhos e pés. Aos poucos nos erguemos. Ainda curvos sentimos as dores da retração a que nos colocamos frente ao desconhecido, nutridos pelo medo.

Tocamos, sentimos e avançamos. Os olhos começam a se acostumar com o ambiente sombrio, e aquilo que era totalmente negro ganha tons de cinza que já nos ajudam a diferenciar algumas formas e, dentre elas, reconhecer algumas que podem ser caminhos possíveis à saída que tanto desejamos.

Aos poucos vemos um pouco melhor, ganhando confiança, mesmo que ainda confusos por não encontrar nenhuma saída.

A cada passo à frente nos estendemos ao fundo. De lá buscamos nutrientes, na esperança de sermos dignos de gerar frutos. Nos tornamos parte e entendemos que aquelas entranhas que nos engoliram eram nós mesmos."

Abriu então os olhos e disse:

A Voltei ao princípio da exploração? Não imaginei que relataria uma caverna.

C As imagens que vão aparecendo nesse processo buscam construir aquele mosaico que lhe falei. Algumas podem ser semelhantes. Tudo faz parte de seu processo de entendimento. Perceba que lhe aparecem figuras mais completas nessa fala. Elementos mais ricos que os anteriores, que te aproximam de seu íntimo com um toque de reconhecimento do caminho. Cada conjunto de figuras traz sua mensagem única. Sinta cada fala. Lembre-se de cada fala com suas sensações, não somente com sua memória. O mosaico final é sentir-se por completo nesta compreensão. Não se apresse, mas não pare.

A Sim! — E elevou seus olhos para o alto.

FALA 06

Crendo.

AO TIRAR OS OLHOS do teto da sala, que parecia translúcido ao seu olhar, abaixou a cabeça, olhou para ele e falou:

"Um tema comum na vida das pessoas é a crença. Contudo, o comum a que me refiro não é o da compreensão do significado do termo crença, e sim o fato de ser comum sua influência na vida de cada um, bem como seus efeitos no âmbito coletivo, tão forte como a gravidade.

Estamos sujeitos aos seus efeitos, mas se desconhece sua mecânica, suas razões e até mesmo os efeitos de sua presença. Muito menos se conhece a extensão de seu alcance. Contudo é parte da existência terrena e quem sabe universal.

Imagine que diante de seus olhos emergem mundos, os mais distintos. A você, parecem singulares, únicos e até mesmo imutáveis naquilo que são. Esses mundos, externos a você, estão inundando seu mundo interno, aquele que lhe parece distante, inalcançável, ainda que dentro de você.

O que você experimenta dos mundos externos é aquilo que seus limites biológicos lhe permitem, bem como os limites intangíveis de sua psiquê, do seu mundo interno não tangível.

Enquanto você vê o que vê, lhe parece correto crer que o que se vê lhe é real. Realidade com a qual você passa a se relacionar. Nessa relação, só sua, íntima com o mundo que se experimenta, transmutá-lo parece até uma evasão de si mesmo, uma quebra de uma aparente lógica.

Nos laços frágeis criados a cada instante que se vive com a sua suposta realidade, emerge uma outra mais fluida, que contudo e de forma indissociável traz vida à realidade primária sobre a qual a relação se dá. Como duas camadas que se sobrepõem, conferindo-lhes a impressão de uma coisa só, transmutam-se em um véu que cobre nossos olhos, criando uma realidade tridimensional, o que se torna a realidade vivida, construída por uma camada que vem de fora para dentro e outra que vem de dentro para fora. Passamos a habitar a interseção entre essas duas camadas.

Destas camadas somos fonte construindo, com o nosso interior, o que vemos na realidade exterior. A realidade primeira é distinta de nós, mas experimentada de acordo com a realidade íntima de cada um.

É uma relação fecunda entre aquilo que é fértil e aquele que planta parte de seu ser. Dessa relação emerge a luz que permite ver. Tal qual uma criatura que cresce, que evolui em sua própria forma, tal luz também transmuta-se em meios que abarcam o que se experimenta de formas diversas, mesmo que ilumine a mesma realidade que em sua origem pode se manter inalterada, mas que se altera no encontro com o outro que a fertiliza com sua própria essência.

Uma dança da qual não mais se distinguem os dançarinos, apenas seus movimentos, seus vultos, suas formas dinâmicas e a melodia que os embala."

Ao terminar, ou achar que tinha terminado, disse com surpresa:

A   Um momento! Foi você quem falou agora?

C   Com um sorriso disse — Sim!

A   Mas não sou eu quem tem que falar?

C   A partir do momento que me convidou a participar mais profundamente de sua exploração, posso assumir também a voz que fala. Nessa dinâmica, você se torna ouvinte. Enquanto você contemplava os céus e depois a Terra, podia, com atenção, ouvir minhas palavras. Mas saiba que o que eu disse não serei capaz de repetir. Espero que se lembre bem do que falei, pois eu mesmo não o sei. Sou apenas um canal para te servir, e quando esta jornada terminar, eu mesmo não me lembrarei de nada, apenas você deve fazê-lo.

A   Mas foi tão de repente! Notei que o ouvia somente depois que terminou de falar. Até então eu tinha a sensação de que falava.

C   É assim mesmo! — Disse com serenidade de quem, embora não lembra, sabe!

FALA 07

Imperfeito.

O CHÁ NAQUELE BULE parecia não ter fim. Já haviam se servido algumas vezes.

Respirou o aroma mais uma vez, olhou para ele, que agora estava calado, e falou:

«*Somos imperfeitos. Tal qual uma semente. Talvez você questione essa comparação. Uma semente, em seu estágio de semente, somente será perfeita se seu potencial for extinguido, não podendo ser nada mais do que uma semente. Mas a semente imperfeita assim o é, pois pode ser absurdamente mais do que é nesse estágio. Ela, assim como nós, existe na imperfeição, justamente porque há muito mais para ser, há um potencial enorme e tão grande que seu melhor resultado será criar muitas outras imperfeições.*

Como seres humanos, assim como as sementes, temos um grau de imperfeição elevado, pois temos um potencial de gerarmos e sermos quase que infinitamente maior do que somos agora.

Admirar e cultivar a imperfeição faz de nós propícios para trabalharmos nosso próprio potencial. Negar nossa imperfeição é negar nosso potencial, é virar a cara para tudo que podemos ser e criar. Contudo, diferentemente das sementes que têm um destino certo para suas folhas, frutos e sementes, nós temos uma vastidão de possibilidades.

Um local em que a semente é plantada apenas dará as condições para ser, em seu destino, o que deve ser em sua plenitude ou menos do que isso. Já nós, seres humanos, teremos nossa plenitude ao liberarmos nossos potenciais à glória. O local em que formos plantados ajudará a nos moldar, certamente, mas ainda poderemos decidir que frutos daremos. Ainda assim, independente deste local temos a opção de escolhermos ser semente e jardineiro para frutos mais elevados, que podemos chamar de virtudes.

Somos, em uma única semente, um pomar, que pode ser diligentemente cuidado pelas mãos de nosso ser jardineiro em direção à excelência. Como tal figura temos que angariar coragem para lutar contra as pragas e também para podar os galhos certos, esculpindo nosso ser, fazendo nossa estrutura mais forte e adequada para entregar, ao campo em que estamos, os melhores frutos.

Mas veja que lindo e desafiador esse processo, pois, ao nos esculpirmos em busca dos melhores frutos a serem dados, estamos esculpindo nosso interior, pois ele é quem nutrirá aqueles frutos. Tais rebentos de nosso esforço são feitos daquilo que nós somos feitos. Cada folha, cada flor e cada fruto que geramos é um pedacinho do que somos, e até que estejam maduros, os frutos ainda estarão colados a nós, mas ao atingir sua maturidade serão entregues ao campo que nos circunda.

Quanto às nossas folhas e nossas flores, estas não caem porque amadureceram, e sim porque é chegado o inverno que nos despirá daquilo que precisa ser renovado, ciclicamente e infinitamente até que nos tornemos perfeitos, momento este, único, não apenas por ser singular, mas porque acontece apenas uma vez no entardecer de nossa história, quando não mais poderemos explorar nossos potenciais, pois deixamos de existir como vida em meio às outras vidas.

Mas nossas partes seguem imperfeitas, esperando por serem nutridas e exploradas em um novo alvorecer de terrenos outros que acolherão aquelas sementes que outrora geramos, deixando para o mundo aquilo que não mais poderemos deixar depois que este mundo nós deixarmos."

Com uma lágrima, que descia sobre sua face rosada, comentou:

A   Eu me lembro de minha infância no sítio. Do pomar. Das brincadeiras. Tudo se foi e ficou no passado. Caminhamos em direção a um destino só: deixar de ser. Ao menos, o que somos agora. — Enquanto falava, sentiu o inverno dentro de si, mas seu rosto queimava como se sob o sol escaldante de verão.

Abaixou a cabeça e verteu outras lágrimas. Limpou seu rosto e sentou-se mais confortável na cadeira. Adormeceu.

FALA 08

Na baía dos saberes.

ENQUANTO DORMIA, SONHOU! Em sonho recordou-se de uma cena ou a criou.

"Imagine-se abrindo uma porta, uma que em sua imaginação pode ser como você quiser. Porém, assim que você a toca, ela se torna o que é, independentemente de como você a idealizou. Ainda assim ela se abre e lhe mostra uma nova cena, tão peculiar e única, como qualquer momento, por mais trivial que seja. Por já ter aberto muitas portas antes, deixou de fazer parte de seu viver o atentar-se a essa singularidade inédita. Seus pés te carregam tateando o novo ambiente, suportando seu peso costumeiro, bem como aquele de uma expectativa que paradoxalmente faz de seus passos um pouco mais arrastados que o de costume.

Suas mãos tateiam aquele que será o apoio para seu repouso atento e interessado. Olhos e olhares se entrelaçam em um abraço sutil, respeitoso e até mesmo investigativo. Sorrisos gentis perfumam o ar sábio que espreita sobre sua pele, que se aquece apesar de um ar gelado, que, colocado ali artificialmente, pretende fazer daquele espaço uma baía para cada barquinho que se ancora no desejo de começar uma jornada para o mais profundo dos mares, mais extenso que o cosmos e quase tão misterioso quanto o divino, o desejo por explorar-se.

Os corpos flutuantes naquele pequeno espaço são como estrelas no vasto céu escuro. Cada qual único em sua luz em busca de uma supernova aventura. Corações que ardem alimentados pelo ar que flui por entre as brechas criadas pela humildade frente ao que não sabem.

Ah! Como saber o não saber guia as mãos tímidas por entre portas que antes nem sequer se apresentavam, nem no mais fértil imaginário.

Arde o fogo que ilumina o não saber. Naquele vasto universo que passamos a habitar, reconhecemos em cada ponto brilhante um sinal do que já habita nosso consciente e passamos a ver o que não se vê, o que está escuro, o espaço gigantesco, colossal, por entre aqueles pontos que cintilam.

Vemos então esse infinito em cada olhar que se aconchega no abraço invisível do encontro que se repete. Passamos a desejar o repetir, o encontrar, sem que nunca mais seja o mesmo encontro, sem que sejamos os mesmos em cada encontro.

Não! Não há como sermos os mesmos, pois já partimos em viagem, deixando aquela baía que nos fez outrora nos encontrarmos. Não! Não queremos voltar ao que nos trouxe aqui. Mas quero voltar, sempre, ao que nos mantém rasgando as águas do vasto desconhecido.

Abrimos, com as quilhas de nossa vontade, pequenos veios sobre a profunda superfície do que nos sustenta no ser.

Mas ao passarmos, esses veios se fecham enquanto mantêm aberto em nossa alma o espaço entre nossas estrelas. Nossas lágrimas se confundem com as ondas que rebentam em nosso peito. Empurram nosso ser contra nossa carne, explodem sobre as rochas de eventuais soberbas, enquanto umedecem as paredes do nosso respirar.

Respiramos juntos a alma de cada um, insuflando um pouco do que brilha em nós, no outro, abrindo mais espaço. Dói o afastar porque nos expandimos e assim chegamos um pouco mais perto dos céus. Nesse perto tão distante, torno-me mais próximo de quem me afasto, pois não são os corpos que se distanciam, são os espaços que se alargam para acomodar mais brilhos que nos são oferecidos.

Uma vida em um suspiro. Um sol em um olhar. Um toque divino em um abraço que aproxima corpos celestes desafiando leis impostas ao material, mas inúteis aos que vivem sob a lei do amor pelo saber.

Ah! Como quero voltar. Ainda que o faça jamais retornarei, não ao mesmo lugar de partida, não mais à mesma âncora que puxarei acima da superfície daquilo que um dia eu soube. Mas quero voltar ao mesmo lugar que um dia se fez apenas uma porta a se abrir. Não mais abrirei aquela mesma porta, mesmo sendo a mesma que um dia abri.

Aprecio a jornada que fiz. Uma nova busca se aproxima de onde partirei novamente, carregando em meu peito um pouco do brilho de cada estrela que conheci, formando, no meu céu escuro, um novo mapa, que ajudará o navegar nesta jornada que se aproxima.

Oro ao divino para que eu possa sentir, em meu casco velho e por vezes duro, as ondas de cada barquinho companheiro que um dia cruzou esse mar ao meu lado, para que finalmente, na baía que acolhe o que atraca, por fim, encontre nos céus aqueles que um dia me ajudaram a descobri-lo."

Abrindo os olhos sem pressa e espreguiçando um pouco com os braços erguidos no ar, ajeitou-se na cadeira e disse:

A Acho que dormi e sonhei. Quer que lhe conte?

C Com um olhar atento, disse: — Não precisa. Estive com você naquela sala, em meio aos seus amigos.

Com espantou retrucou:

A Mas você lê pensamentos ou eu falei durante o sonho?

C Nem um nem outro. Estou com você nessa exploração. O que pretender dizer, eu saberei, não importa como diga. Mas ficarei restrito somente ao que desejar falar. Nada mais.

A Não entendo. Como isso é possível?

C Não se trata de ser possível ou impossível. Trata-se do que lhe falei ao início: nossas respostas estão dentro de nós, pois somos mais do que matéria. Assim, estamos juntos nesta dimensão, embora separados em nossos corpos individuais.

A Mas continuo sem entender como isso acontece.

C Enquanto tentar fazê-lo com a razão, não entenderá. Mas enquanto fala com as formas com que tem falado, já está compreendendo, mesmo que a sua razão ainda não consiga dar um nome ou identificar isso adequadamente.

Silêncio.

FALA 09

Luz, trevas, crescimento.

A LUZ DO SOL atravessava a janela à direita da sala. Entrava quente, firme, como se fosse possível pegar seus raios com as mãos. De súbito disparou a falar:

"*Uma luz invade meus olhos que por um longo tempo ficaram fechados. Cerrados estavam, não porque eu queria, mas porque era necessário. Algo acontecia dentro de mim. Praticamente invisível, já me tornava divisível múltiplas vezes. Em uma divisão acelerada quase que enlouquecidamente eu me multiplicava sem deixar de ser um, único, singular.*

Enquanto pulsava um bater acelerado, minha multiplicação acalmava-se um pouco, preparando-me para uma passagem que se anunciava, a cada dia que meu espaço me apertava mais. Eu crescia e tomava espaço, expandia lugares e limites, elasticamente dominava meu canto até que um limite final se impôs.

A luz, que antes nunca vira, agora revela um transpassar, ganhando um espaço infinitamente maior que estranhamente me acolhe. Meus limites agora tocavam as fronteiras carinhosas de um abraço quente, que me aconchegava em um sentimento que antes já sentia e que agora se revelava no toque.

Dentro de mim uma confusão, até mesmo dor, que foi banida por um tempo, por algo que transgredia as linhas limítrofes do outro e de mim. Repousei afastando novamente a luz, mas não porque ela tenha se extinguido, e sim porque pude repousar na escuridão confortável.

Continuei expandindo, ganhando mais espaço ao passo que criava lugares dentro de mim. Não físicos, mas abstratos. O tempo foi descoberto e com ele aquilo que outrora parecia encapsular-me encapsulava-me novamente. Ainda havia luz e por vezes repousos tranquilos.

Causavam dor as fronteiras que emergiam com o tic-tac do que passei a chamar de relógio. Minha pele não parecia ser mais capaz de crescer, mesmo que também não pudesse encolher. Mas algo parecia me aprisionar. Soquei, chutei, mas tudo era ar, o mesmo que me mantinha vivo e ainda mantém.

Passei a desejar aquele transpassar novamente, mas não havia ninguém para me tirar de lá. Lá? Não sabia, não conseguia tocar mesmo sendo tocado pelo desejo e pela dor de lá sair. Antes eu cresci para poder sair e agora eu entendi que cresço para poder entrar lá, que agora sei ser dentro de mim.

Mergulho da luz para as trevas!

Dentro de mim sinto novamente as paredes que me limitam e com meus punhos cerrados as espanco. Nada! Não as posso *esmurrar, pois assim esmurro a mim mesmo. Talvez deveria ser assim e assim foi, porém diferente. Tentei empurrar e elas não se moveram. Sem mais alternativas, puxei-as contra meu corpo e elas caíram, soterrando-me em mim mesmo.*

Trevas e dores percorreram minhas entranhas, mas minha alma se libertou e elevou-se sobre aquela parede, carregando-me em seus braços como outrora tive no aconchego de quem me trouxe à luz.

Abri meus olhos e ainda que do mesmo tamanho eu era maior, minha alma ocupara mais espaço. Eu cresci. E tudo começou novamente."

Ao terminar de falar, olhou ao redor. A sala parecia bem maior. Mas era a mesma.

A Parece que estou em um ciclo. Parece que volto ao mesmo lugar, mas o vejo de formas diferentes.

C Sim, quem disse que não é o mesmo lugar? A exploração é em você e assim de você não sairá, por mais distante que vá. Você encontra-se em diferentes lugares, de diferentes formas, mas ainda assim é você. Ao vivenciar o mesmo de formas diferentes você passa a saber algo novo sobre o que já sabe. Ganha profundidade. Compreensão. Entendimento. Não é isso que você busca?

Apenas acenou com a cabeça afirmando que sim e disse:

A Então quer dizer que vou ficar voltando ao mesmo lugar sempre?

C Sim e não. Você nunca saiu deste lugar que é você. Mas estamos fazendo uma exploração e com isso estamos descobrindo coisas novas sobre você. São diferentes ângulos sobre a mesma coisa. Cada um te ajuda a formar o mosaico de seu saber. Continue!

FALA 10

Confuso?

DISSE ENTÃO, MAS agora com um interesse renovado:

"O vento soprava insistentemente e embora assim o fizesse a névoa que pairava frente aos olhos abertos não dissipou. Removia-se constantemente, mudava de forma, mas não mudava de lugar, tampouco aqueles olhos.

Por vezes uma pequena janela se abria com a promessa de um lugar claro e atrativo. Aqueles olhos se fixavam na fresta que repousava, aparentemente inerte, em meio ao vórtice que o criava.

Movia-se em direção àquela promessa, espreitando por entre a névoa que estranhamente ficava mais densa. A visão do outro lado era bastante atraente e embora parecesse próxima distanciava-se a cada passo. Aquilo que se via além da névoa continuava o mesmo. Os pés que carregavam o desejo de alcançá-lo descobria terrenos diversos no caminho em direção ao que se apresentava do outro lado.

Cada passo revelava, muitas vezes, o que os olhos não desejavam ver, mesmo assim os pés sentiam e exigiam que as *mãos entrassem em ação, que assumissem o seu papel ao longo da caminhada, mesmo que por vezes fosse apenas para ajudar os olhos a ver melhor.*

Ao tocar o chão para apoiar-se na transposição do que parecia ser um pequeno córrego, os olhos focaram aquele obstáculo, analisaram seus perigos, e um esforço necessário foi empreendido para vencê-lo. Ao fazê-lo, contudo, os olhos não mais encontraram aquela janela em meio à névoa, restando à imagem do destino repousar apenas na memória. Uma vez lá, curiosamente, a imagem começou seu próprio percurso no imaginário de quem a tinha.

Evoluindo em sua forma e significado, criavam-se fluxos como rios permeando uma floresta, por entre as fibras que moviam os pés, as mãos e os olhos. Estes começaram a ressoar os caminhos do que somente habitava o reino do imaginário, do intocável que estranhamente, agora, tocava o mesmo chão daqueles pés.

Embora a névoa persistente se erguesse como uma muralha imponente e aparentemente intransponível, o que se viu na fresta, e não mais se vê, continuava visível e atraente, embora mutante, sem perder sua origem. Tudo fazia parte de algo único, tudo separado conjuntamente, fazendo sentido.

Aqueles pés, extensão daquela imagem, tocavam o chão que ficava para trás sem deixar de ser o que era, mas transformando aquele que o pisava. Não, não necessariamente a conclusão de uma evolução, e sim apenas o concluir de uma tarefa, de uma atividade inerente ao andar.

A mente que acolhia aquela imagem talvez não visse sentido. Aos observadores também talvez não o fizesse. Por vezes isso que se vê pela mente que viu o que havia na fresta é a confusão do que não faz sentido em primeira mão.

Muitas vidas e vontades se esgueiram por entre muitas confusões, caminhos sem sentido, que embora levem a um destino, não o anunciam ao seu viajante, que descuidado continua imerso em uma névoa persistente e densa criada por aquele que olha e que mesmo olhando decide não ver.

A culpa é da névoa, afinal ela está lá. Densa, apenas atrapalha o que tenta ver, mas não impede o caminhar de quem aprendeu a tatear. Mas colocar as mãos sobre a terra, a rocha, a água, o fogo e a massa traz uma realidade talvez desconfortável no assumir da realização.

Senta-se e espera a névoa que criaste dissipar com o branco de seus cabelos. Bata no peito em orgulho de espera, de atribuições a outros entregues. Faça da rocha seu repouso eterno sem nunca deixá-la para trás. Faça a caminhada curta, sem perigos, afinal a névoa não te convida a tentar. Aquela imagem que um dia deixou revelar-se, que se torne apenas um quadro em sua sala de sonhos digitais, virtuais, mas jamais reais.

Confuso assentar-se sem construir.
Estranho esperar na esperança sem levantar-se.
Curioso ver, inspirar-se e esconder-se atrás de uma parede fugaz.
Sarcástico vir, viver e vendo desejar ir e ao descobrir escolher ficar.
Assim chega ao fim, sem que pareça como tal. Assim será se não for do outro lado da névoa."

Ao final da fala, apenas notou que novamente não dissera nada, e sim ele o fizera, então questionou:

A Novamente eu não falei! Você o fez!

C Sim, relatei o que pude ver para colocar mais uma perspectiva a você, principalmente porque ainda duvida. Note onde estamos agora.

Então percebeu que tinham saído da sala e caminhado um pouco. Antes havia sol, mas agora percebia a névoa sobre a trilha que encaravam. Assustou-se um pouco, mas recobrou a calma logo. Continuaram a caminhar. Desejou mais um pouco de chá.

FALA II

Em construção, cinzel do viver.

DE VOLTA À SALA e já com um novo chá sobre a mesa, percebeu que o bule era diferente e as xícaras também. O chá, agora avermelhado, mas ainda doce, trazia um aspecto de mistério um tanto adequado para o que disse:

"Nunca estará completo enquanto se busca. Ao determinarmos, em nosso imaginário, um cenário desejado, sua concepção se dá unicamente a partir daquilo que se tem. Os elementos que constituirão a forma futura, ainda ilusória, são aqueles que nos constituem, como que se para sua gênese emprestássemos ou até doássemos partes de nós.

Se esse trabalho for bem feito, as partes que demos a essa visão futura acenderão o desejo que nos colocará em movimento. Se um plano bem elaborado emergir desse desejo, o curso tenderá a ser mais assertivo. Contudo, não se engane, pois a assertividade desse traçado hipotético também será feita daqueles elementos encontrados no presente, oriundos daquele baú que, como por vontade própria, selecionou aquilo que estará à disposição.

O traçado imaginado guiado pelo futuro pintado, apenas na tela da mente criadora, ganha presença em terreno real quando a trajetória se inicia com o ato inaugural.

Aqueles elementos, que lá no futuro estão, são os mesmos que compõem quem faz a jornada de realização. Contudo este se altera, modifica-se enquanto caminha.

As pequenas derrotas inerentes àquele que se lança na aventura do desconhecido trabalham como mãos que seguram habilmente um cinzel, arrancando pedaços da carne e da alma de seu objeto em criação.

Com cada solavanco gerado pela pancada certeira do martelo do "acaso" voam aos ares crenças, valores, passados, experiências que não por inteiro se desfazem, mas que, ao se desmembrarem, se alteram frente à sua constituição original.

Contudo, ao lascar a superfície rígida, alguns elementos por vezes se embrenham ainda mais no ser. Aquilo que forma o futuro, no presente, vai se transformando, enquanto se permite esculpir, criando assim um novo futuro, sem que sua base original tenha sido trocada. É o mesmo, mas, em suas possibilidades, diferente.

A ligação temporal está em andamento e intimamente conectada, da mesma forma que, ao se erigir em novas formas resultantes das lascas catapultadas, novos formatos, que prometem uma obra em sua conclusão, podem sucumbir se seus veios internos não tiverem sido, por outras épocas, alimentados por buscas elevadas.

Enquanto se lasca do lado de fora, se fortalece do lado de dentro, como se cada pedaço arrancado fosse recolocado no interior de si mesmo. Entretanto e paradoxalmente, se tal interior estiver vazio, torna-se como que um ralo que faz escoar tudo que dele se aproximar.

Para que o que lhe arrancaram possa ser reabsorvido dentro de si, algo lá já deve existir tal qual uma parede rebocada que espera impaciente por cobertura. Essa massa que compõe o que será moldado por impetuosas pancadas deve ser assim, pois aquilo que se fortalece antes tenderá um dia a ter sido fraco.

Se pensarmos em termos materiais, sim, contudo trata-se aqui de algo que não se toca, não se pega embora exista. A essência dessa massa forte já nasce forte em essência e trata daquilo que compõe o cosmos em si na sua tradução ordenada, já há milênios entendida por mentes que apontaram o caminho entre as águas dos extremos.

A promessa de fortaleza já é em si um desses meios que faz moldável sem ser destrutível, uma casca que poderia ser fraca e que quando arrancada alimenta os meios do que nos deveria estruturar.

A obra desejada naquele cenário adiante é coconstruída com seu criador enquanto este se faz durante a criação. Por isso a certeza do fim desejado só pode repousar na certeza de que se será esculpido e moldado, e que na alma reside uma chama ardente para forjar a essência desse aventureiro, para que sua promessa não se desfigure com sua fraqueza interior frente ao cinzel do viver."

A Mais uma vez estou em silêncio. Mais uma vez você falou, mas agora tive a sensação de estar falando junto com você.

C Sim! Construímos essa fala juntos. Na verdade, todas elas. Desta vez e novamente eu fui o porta-voz. Em alguns momentos a forma escolhida para expressão precisa de vozes diferentes, em seu ritmo, volume e tom. Nesse caso a minha voz foi necessária.

A   Não questiono mais, ao menos não neste momento. Por falar em momento, que horas são?

C   Agora? Bem, não estamos preocupados com o tempo, não ao menos aquele que vemos nos relógios. Guiemos nosso tempo pelo sol. Veja. — Apontando para a janela, disse: — Ele ainda está alto.

Ao olhar para o sol, através da janela à direita da sala, reparou que a luz ainda era intensa. Contemplou. Imaginou dias repletos de alegria, iluminados e com um céu azul enorme. Na companhia de pessoas muito queridas. Virou o rosto de volta ao centro da sala por sobre a mesa com o chá e refletiu.

FALA 12

Limiar.

"MUITAS SÃO AS DIFERENÇAS na singularidade humana. Semelhantes naquilo que a define. Uma floresta me parece feita de semelhantes, mas de nada igual.

Olhou rapidamente para o sol e continuou:

Naquilo que se apresenta a olhos vistos já se difere. Naquilo que habita o invisível se esconde um mistério. Se tão diferentes, a unicidade parece impossível, talvez factível em uma relação de agrupamentos, onde encaixes unem e desencaixes agridem. Torna-se insuportável suportar somente um ou somente o outro.

Se tudo se encaixa talvez se perca o dinâmico e se faça cordilheira, alta, bela e aparentemente imutável e, para muitos, instransponivel. Se desencaixa: desintegra, como que se esfarelando por entre veios e frestas que também se despedaçam. Como apenas uma parte quase que ínfima do todo, quase todos experimentam as duas realidades encaixando-se ora aqui, desencaixando ora acolá.

Levantou-se e caminhando pela sala prosseguiu em seu discurso:

É como um pêndulo, indo e vindo, em busca do meio pelo qual passa, mas onde não fica. Parece que há só o badalar entre cá e acolá. Uma experiência na meia-lua do relógio existencial, de onde o cuco apenas anuncia o contínuo badalar.

Causa enjoo esse navegar em águas revoltas. Acostumar-se às ondas pode ser inteligente para que se preserve parte de si dentro de si mesmo. Mas há que transcender-se ao costume do desenjoar para que em meio à tormenta possa se alimentar.

Não daquilo que entra por entre os dentes, mas do que voa a partir da língua e que, quando o faz, leva aquilo que é singular ao coletivo, para que ao encontrar onde repousar o faça como algo a acrescentar.

Nem tudo que se encontra, encaixa e se afina. Nem tudo deve ser para ficar, pois em si pode ser o princípio do esfarelar. Aquilo que voa, intangível às mãos, pode ser encantador aos ouvidos. Parece real ao ponto de propor que tudo deveria, então, ser material.

Parou de frente à janela e de costas para ele, com as mãos na cintura, disse:

Que coisa estranha essa estrutura existencial que se faz nascer do que não se toca e propor que se deva valorizar somente aquilo que viermos a tocar.

Misterioso aquele lugar de onde nasce o que se lança ao material sem sê-lo. Meios materiais, em ondas para propagar o que material não é só para convencer de que só matéria deveria ser. Há um limiar.

Nele, misterioso, transgridem as narrativas que permitem o próprio mistério viver entre nós. Vencer o tempo pelas linhas que se configuram naquele limiar, que de suas individualidades sobrepostas pautaram uma centena de vidas que se multiplicaram, guiando como estrela a um nascer constante de subjetiva compreensão do que se poderia chamar de viver.

Não, não há individualidade, materialidade que se faça valiosa sem a coletividade.

Não, não há coletividade que exista e coexista se não houver aquele limiar que caminha entre o encaixar-se e o dissolver-se.

Não, não há limiar que se sustente se ele mesmo não for a origem, o terreno fértil para fazer emergir aquilo que pode fazer o diferente coexistir.

De todos os limiares que se criam, aqueles que se fazem mais potentes para unir as extremidades em seu meio são os que transcendem o que se toca, permitindo que exista aquilo que nos toca sem nos encostar.

Muitos podem se unir apenas com poucos limiares, mas mesmo estes só perpetuarão se justificados pelo limiar maior, aquele que, por quem crê que só o que se vê e toca, deixou de existir.

Se realmente assim o fez, restará a dissolução total, que só poderá ser suportada por aquele que pode renascer, eternamente."

Ao fim da fala, virou-se para ele e disse:

A Não sei se entendi tudo o que eu disse. Gostaria de poder lembrar cada palavra.

C Não é necessário lembrar-se disso, neste momento. Tudo o que você está falando, seja da forma que o fizer, vai ficando registrado. Ao final lhe digo onde.

Essa informação chegou como uma grande surpresa.

A Como assim, fica tudo registrado?

A dinâmica do que estamos fazendo é mais ampla do que você pode entender agora. O seu mosaico ainda não está completo, quando estiver poderá acessá-lo todo.

Ao ouvir essa informação, sentou-se à cadeira novamente quase que de um jeito debochado. O cansaço pairava sobre seu corpo, mas sentia que ainda tinha muita energia. Talvez do chá! Tomou mais um gole.

FALA 13

Em terra.

"NO HORIZONTE, ONDE um limiar se expressa em repouso, se esconde uma sabedoria milenar. Por ela, raios de esperança ensaiam brotar com promessas de um novo alvorecer. A ele antecedeu uma longa noite escura e misteriosa. Poucas estrelas ousavam anunciar seu brilho tremulante. A lua insistia em minguar e até cometas repelidos evasivamente desviavam seu voar.

A escuridão estendia sua capa com a promessa de um acolher em sonhos, mas sua frieza denunciava o que de fato escondia. Milenar parecia aquela densa sombra, que só não se estendia ao saber arcaico da gênese solar. Guerreiros em forma de sopros luminosos insistem em se erguer daquele horizonte, erguendo-se com espadas flamejantes, ardentes e cortantes à pele encouraçada da dualidade necessária.

Espessa e fortalecida por muitas luas, que escondiam seu lado escuro, a couraça sombria começou a se mostrar transponível.

Fissuras conquistadas por aquele armamento celestial emulavam um outro limiar, branco como que alvejado pelo sofrimento, purificado por um espírito, que no mínimo se deve chamar de Santo.

Uma faixa branca atravessa o céu azul estrelado e acolhe a sabedoria milenar da terra do sol que se ergue insistentemente. A dualidade necessária, por vezes, não escapa ao punho cronológico, que a desequilibra aos olhos de quem a admira.

A ordem brada alto seu espaço. O progresso tampa os espaços que deveria deixar. Aquele limiar aponta para o meio, que entremeado em um círculo luta bravamente para sustentar os extremos em seus devidos lugares.

O sempre para frente, desenfreado movimento sombrio, rasga com lavas em uma erupção fervente a terra sólida e estável, convidando os anjos da sombra a mostrarem suas garras e caldas afiadas.

Céu e submundo se expõem em uma luta injusta: muitos guerreiros foram cegados por tanto tempo de noite escura e poucas estrelas. No peito daqueles em que o espírito sopra sua verdade, toca a esperança de um campo verdejante, em que aos justos será legada a ascensão, que brota em meio ao lado umedecido pelas lágrimas das almas oprimidas por uma noite que se tinge de sangue emergente de uma batalha que extrapola a terra rasgada.

Mas, desses mesmos veios abertos pelas lavas, brotam águas profundas que sinuosamente encontram seu fluxo em meio ao que antes se apontou como caminho virtuoso. A noite abre seu sorriso maligno, não porque assim seja, mas porque crê que seu tempo será mais longo que de direito.

As espadas flamejantes dos guerreiros devem se erguer na batalha contra os filhos da sombra, que devem ser colocados de volta ao seu papel original: recordar aos filhos da luz que a eles cabe garantir a liberdade, a justiça que se encontra no meio virtuoso de um coração elevado ao divino desejoso de abençoar uma terra que se mostra merecedora de campos verdejantes, rico em sua dualidade equilibrada, permitindo que mais uma vez o dia venha a suceder a noite longa e fria."

A   Sinto-me em batalha! Até agora estava como que explorando lugares, experiências que de certa forma me pareciam individuais ou ao menos na minha própria companhia ou de outros, amigos e amados. Mas agora vejo como que enfrentando inimigos.

C   Não se trata de inimigos. — Disse com a mão direita erguida. — Trata-se de uma outra parte que também lhe pertence. Uma parte de sombras. Elas apareceram em outras alegorias, como no escuro da caverna. Não tinha identidade como a nossa, mas agora surge uma como tal. Lembre-se, diferentes formas para falarmos da mesma coisa. Sejam cavernas, dragões ou seres malignos, são representações de uma parte nossa que muitas vezes queremos ignorar, mas que surgem mais cedo ou mais tarde, na forma de agressões aos outros ou a nós mesmos. Formas que precisam ser reconhecidas, acolhidas para que não se tornem sombras perpétuas maiores que nossa própria luz.

Ao terminar, sentou-se e apoiou seus cotovelos sobre os joelhos. Suas mãos unidas apoiavam o queixo que sobre elas repousava suavemente.

Ao ouvir as palavras dele, encostou-se na cadeira, como se largando todo o peso do corpo em um abraço que não estava lá. Pensando sobre o que foi dito, refletiu um pouco sobre tais sombras e seres malignos. Incomodava bastante considerar que parte de seu ser também era composta de parcelas que ninguém gostaria de assumir, não ao menos em público ou a outra pessoa.

Ocorreu então pensar sobre o pensar!

FALA 14

Pensar o pensamento.

ELE MANTINHA-SE NA MESMA posição, calmo e atento, o que inspirou seu interlocutor a falar, sem que dizê-lo fosse necessário.

De olhos fechados encontrou sua memória e começou a falar:

"*Interessante pensar o pensamento que se faz dependente do que se lembra. Lembro-me da leitura. Curioso pensar pelo pensamento de outra pessoa. Para pensar isso, eu preciso lembrar, mesmo que uma fração apenas, o que um dia li. Mesmo que tenha, neste instante, acabado de ler.*

Enquanto se lê, também se pensa. Mas já não é somente a minha memória. Se o que leio tornou-se memória externa ao seu autor, então estou pensando com base na memória, mas não mais somente a minha.

Quanto ao que penso agora, sobre o agora, necessariamente o faço pela memória? E se eu pensar no futuro e este não for memória, então dela não preciso? Contudo, como poderia eu pensar o futuro sem os recursos da memória que me permitem criá-lo? Sendo isso verdade, todo futuro é produto do passado, mas não necessariamente seu reflexo.

Na linha do tempo pretérito há muitos insumos, que embora tenham sido construídos cronologicamente não precisam ser usados assim. Aquilo de que me recordo de distante infância pode saltar anos e encontrar o que me recordo da semana passada. Isso se ambos os eventos puderem ser isolados em si mesmos. Mas tenho minhas dúvidas, pois o que me garante que a lembrança da infância não enviesou a da semana passada e vice-versa? Uma contaminando a outra ou até mesmo selecionando qual outra deve ser lembrada.

Assim, até que ponto posso realmente controlar meus pensamentos? O quanto o primeiro de todos os pensamentos que já tive na vida não definiu toda a vida que tive? Se estamos emaranhados desde o princípio, sendo que o que veio antes necessariamente influenciou o que veio depois, o pensamento primeiro determinou toda uma vida.

Mas até mesmo esse pensamento tem sua origem. Qual? Biológica? Hereditária? Cósmica? Coletiva? A primeira ideia do bebê, ainda no ventre materno, por seu aparato biológico e sua capacidade específica de traduzi-lo, faria da vida daquele futuro rebento algo então definido sem sua vontade?

Digo isso pois a vontade também precisa de um campo informacional interno que o permita emergir. Assim, a própria vontade estaria sujeita àquela primeira ideia. Contudo o bebê, mesmo depois de nascer, não conhece outra linguagem que não a do afeto, a de suas reações emocionais.

Apenas sente, sem sequer saber traduzir em linguagem o que sentiu. Adultos incorrem nessa mesma situação, sentem sem saber nomear o que sentem, sendo emocionalmente bebês.

Mas teria a primeira emoção o poder de se alojar como potencial pensamento primário? Se sim, então a primeira emoção poderia determinar todo o curso de uma vida, tornando-se seu destino mesmo que o "acaso" e a necessidade se imponham. Mas, ao fazê-lo, um contexto nos é oferecido, e sobre ele pensamentos correrão para com ele poder lidar. Tais pensamentos teriam então suas raízes enfiadas e nutridas pela primeira emoção experimentada."

Ao terminar de ouvir, levou suas mãos ao centro, entre as pernas, próximas aos joelhos. Contemplou um pouco esse gesto e disse:

C   Não havia pensado o pensamento desta forma. Não saberia lhe dizer algo em termos de certo ou errado. Mas creio que tens em tuas mãos um pensamento curioso, que nos leva a considerar, ao menos, outro aspecto do que estamos fazendo aqui. Será então que todas as falas estão sujeitas àquele primeiro pensar ou primeiro sentir, como você disse?

A   Não sei! Cada fala que apresento flui como se não viesse de mim, embora seja. Uma sensação estranha! — E sorriu um sorriso tímido. Continuou: — Essa dinâmica que estamos fazendo aqui é bem diferente de tudo que já havia feito. Então pensamentos outros, inéditos, aparecem sem que sobre eles eu tenha dado qualquer tipo de tema ou reflexão. Mas mesmo que se tais pensamentos sejam oriundos daquele primeiro no ventre de minha mãe, ainda assim me parece interessante, não sei por quê.

Com um olhar acolhedor e retomando a posição de guia na conversa, disse:

C Sejam tuas falas influenciadas ou não pelo primeiro pensamento, perceba que o mais importante neste momento é reconhecer estes mundos traduzidos em tais falas. Antes de considerarmos a origem de alguma coisa, precisamos identificar que coisa é essa. Isso é o que estamos fazendo, podendo até mesmo nos levar a entender de que maneira a origem de tudo influenciou o que se tem e se é hoje em dia. Como eu disse, teu pensamento é curioso, interessante mesmo, mas para ser considerado como parte de toda exploração que estamos fazendo agora. Faz parte do grande mosaico de sua compreensão.

Parou um pouco. Respirou profundamente, sem pressa, e expirou como se abrindo caminho para uma ideia que apresentou ao falar:

C Costumo dizer, separamos para entender e juntamos para viver. Neste momento estamos separando, identificando, para depois, na imagem composta de todas as outras, podermos viver. Na linha do que você trouxe sobre o pensar, vamos pensar mais um pouco sobre isso?

FALA 15

Ainda pensando.

AO OUVIR A SUGESTÃO dele, levantou-se mais uma vez, mas não andou.

Como de súbito algo tivesse lhe ocorrido e tão rápido quanto, assentado em sua consciência, sentou-se e começou a falar:

"*Fantásticas as formas de expressão do ser humano, de fato, um espécime único. Que espécie de criatura simboliza a própria vida para melhor vivê-la? Aquela que pode, em sua potência, imaginar o que vive, primeiro vivendo para então entender, racionalizar o que viveu e até o que viverá. Viver faz sentido, primariamente pelos cinco sentidos. Assim como os cinco dedos de uma mão, em uníssono pega uma realidade infinita e a abarca em seu punho, segurando o que lhe cabe quando lhe cabe segurá-la.*

Um único instante se faz de uma miríade de grãos, com a extensão da mais longa praia que nossos pés poderiam tocar. Talvez até todas as praias em um único instante, mas que cabe apenas no que podemos segurar.

A luz radiante de um sol esplêndido junto com seu iluminado faz brotar em contraponto a sombra, que esconde ou desvirtua o que estaria de outra forma iluminado. Os olhos podem se apertar na busca de um acostumar-se com o brilho, ao mesmo tempo que, com o franzir da fronte, os poros e pelos denunciam um calor intenso e aconchegante. Um frescor arrepiante com a brisa que galopa sobre o dorso dos raios que iluminam. O invisível mas sensível som toma conta de outro ser em nós, dando um existir harmonioso ao que se sente por outras vias.

O som da brisa, do inaudível elevar do sol, das perceptíveis ondas sonoras e do mar. Salivamos em nossa boca como as ondas o fazem no mar, sentindo o que ainda não abocanhamos, num sabor retido outrora, em tempos idos, em linha com as possibilidades de sabores de tempos por vir.

Em nossas narinas passa a habitar um convite animalescamente humano por uma conexão evasiva de odores que brotam de uma união visível em imagens díspares e diferentes em formas, texturas, cores e tamanhos.

Em um único instante todas as praias existem em um mesmo ser, aquele que sente, ali, com seus pés plantados na areia. Em um único instante somado a todos os outros que alcançaram o punho da memória, nasce tudo que há naquela praia e em todas as outras que possam existir. A ver fica o que virá, mas virá apenas daquele ente abstrato um dia criado, e que embora já gerado sem os punhos, os dedos perceptíveis do sentir, apenas conceito é.

Uma fusão das sensações com um ente abstrato, apenas idealizado, encontra-se na ponte criada pelo dom de uma única espécie. Imagine isso! As imagens vividas, que transmutam no fluxo do pensar e do sentir, encontram seu leito acolhedor na habilidade do imaginar.

Para aqueles que pensam que pensar é somente racionalizar, digo: "Lógico que lhe parece certo fazê-lo! Mas isso é subjugar o invisível: suas raízes." Experimente derrubar uma frondosa árvore que tem seu invisível penetrado profundamente no terreno em que seus pés lógicos ousam pisar!

Mas não seria lógico dizer que seus pés têm um terreno para se apoiar? Que sua cabeça pensante é o elemento mais distante desse chão que te suporta? Teus frutos pensados encontram sua expressão na copa linda e exuberante, mas nenhum pomar jamais será visto sem que seus frutos estejam colados a galhos que emergem de um tronco que os sustentem, tendo este nas raízes sua razão de sustentação, onde olhos soberbos não podem ver se mãos não desejarem cavar para encontrar sua gênese.

Que bênção o pensar, a capacidade de pegar o que não há, mas que antes houve, para que volte a haver e a ver. Se ainda assim desejar meus olhos cerrar, minhas mãos guardar, meus ouvidos tapar, minhas narinas obstruir e minha pele adormecer, navegarei em um mundo que já existiu e que habita em minha memória e, como um alquimista, trabalharei esses elementos elucubrando mais mundos intangíveis que clamam por um contato.

Pense! Esse pensar ainda caminha por sobre aquela ponte chamada imaginação, tendo no outro lado a cobertura de uma névoa desejada, para que se faça em mim a esperança de um novo chegar, um novo destino, possível apenas pelo próprio imaginar.

Se por acaso eu tiver me afastado tanto dos sentidos que me ligam ao viver, ao ponto de eliminá-los por completo, mesmo que por um instante de meu existir, talvez eu tenha encontrado um novo lembrar, memórias que não são minhas, mas que encontrei, pois talvez, e apenas talvez, imagino eu, posso tocá-las na distância da minha humanidade, pois a mim foram concedidas pela divindade."

Embora tivesse começado a falar no conforto da cadeira, ao terminar estava de pé como se declamando algo profundo. Parou, olhou para ele e sentou-se, em silêncio.

Ele quebrou o silêncio dizendo:

C Temos, enfim, mais uma perspectiva sobre este tema. Mais uma peça colorida do seu belo mosaico. Mais ampla do que a sugestão primeira, embora esta não deixe de ser importante para nossa construção. É, na verdade, parte importante. Há como que um paradoxo entre sua primeira e segunda fala sobre o pensar. Como se um véu estivesse entre elas e que agora podemos considerar levantá-lo, o que acha?

FALA 16

Véu.

A SUGESTÃO FOI acatada vagarosamente, como se algo precisasse decantar.

"Desde sempre, ver a realidade nunca foi uma atribuição biológica. Embora possamos ser inundados por imagens belíssimas, corriqueiras e amedrontadoras, ainda assim não vemos de fato o que há, mas tão somente o que naquele instante somos.

Desde sempre, algo translúcido se interpõe ao que há e ao que vemos, parecendo, contudo, ser a realidade somente o que percebemos. Sempre será assim: graduado apenas pela translucidez daquilo que cobre nosso olhar.

Por vezes, alguma imagem mais potente se faz resistente às camadas do que a impede de emergir, e assim um pouco mais de si esgueira-se por entre as tramas que afrontam à nossa frente, aquilo a mais que há por ser visto.

Mais cores, nuances, tons, brilhos, nitidez daquilo que já havia, mas não se via. Vendo agora um pouco mais percebe-se um ver que flutua ao som de encantamentos que nos seduzem. Mas, uma vez visto, desvisto não se faz, despindo-se assim de algo que cobria e cobrindo por completo não podia ser visto.

Um desvelar tímido como a cortina que suavemente dança sua valsa ao som de uma leve brisa que a carrega em seus braços, em passos enamorados, convidativos em uma promessa de desfecho que se abre ao sopro insistente.

Basta uma leve insinuação para se perceber que algo estava lá e que agora não pode mais se esconder. Aquilo que antes criava a imagem tornou-se, ela, imagem em sua própria projeção, não mais se esquivando dos olhos que agora a distinguem de um cenário em cujos bastidores movia a marionete de nosso perceber.

Talvez se venha a pensar que essa descoberta se anuncie como um prelúdio de liberdade em cujas asas poder-se-ia sonhar sonhos soberbos de descoberta. Mas lhe digo que por ter visto isso não alcei voos em descobertas retumbantes em mundos castos e paradisíacos. Meu voo foi um tombo em cuja dor não encontrei, em princípio, alívio de libertação, e sim uma vergonha aconchegante e carinhosa como um colo que acalenta, mas chacoalha para que possa expulsar ares contaminados, presos nas entranhas.

Não houve liberdade como se poderia imaginar. Submersa no mundo velado, apenas uma promessa de jornada a caminhos com menos grilhões. A vergonha convida a um rever, sim, um ver novamente e nele perceber que pouco se via enquanto se achava que tudo se via.

Ah! Que vergonha do que fui! Mas à luz do que poderia ser, entretanto, não há uma vergonha que despreza o antes vivido. Como a lagarta que se fez alada poderia negar seu casulo?

Mas digo, a vergonha é necessária para si mesmo em um exercício de humildade e reconhecimento. Como se um tronco alto resolvesse escalar e dele se lançar sobre um fino galho a te sustentar.

Mas não queira, uma vez começando a voar, puxar o véu dos olhos de um outro por mais que seja objeto de seu amor. Tuas mãos tornar-se-ão parte do cenário e subjugar-se-á aos mesmos fios que antes comandavam seu boneco de madeira. Não faça isso, a reação será tão dura quanto um carvalho que persiste, apesar das tempestades.

Não puxe o véu que não é seu, mas sopre uma pequena brisa para que, como um dia para ti ocorreu, você ofereça uma dança que poderá fazer com que aqueles passos, um dia marcados por vontades alheias ao saber do outro, escorreguem graciosamente por um chão novo, inexplorado, mas sempre presente àqueles que um dia ousaram abrir uma fresta nos portões de suas fortalezas invisíveis."

Sob esse contexto, ele recostou-se na cadeira. Sendo sua vez de apoiar-se em um abraço, cruzou as pernas, repousou as mãos sobre o colo e disse:

C O tema da vergonha e do véu que do outro não podemos tirar me chamou a atenção. Me surpreende. Confesso que havia uma certa expectativa de minha parte quanto aos aspectos do pensar que abordou, mas então, ao fazê-lo, trouxe esses elementos à tona. A beleza desta exploração está justamente na descoberta, no desvelar de temas inesperados. Uma surpresa para mim, devo reforçar.

De forma pensativa, indagou:

C Você poderia abordar esses temas agora?

A Não! Ocorre-me outro tema ainda! Disse com uma assertividade assustadora, até agora não apresentada. E disse:

A Quero falar do medo!

FALA 17

Medo.

"CREIO QUE A PRIMEIRA razão para pensar sobre o medo é que não sinto medo nesse momento. A segunda é que já senti e certamente voltarei a experimentá-lo em suas mais variadas intensidades.

Por conseguir me distanciar dessa emoção, agora, posso observá-la com alguma segurança. Essa constatação já é interessante, pois denuncia uma característica importante da emoção: ela nos envolve e assim nos domina ao invés de nós a dominarmos.

Em especial, o medo nos move para trás enquanto se esconde lá na frente. O medo é ativado por algo que está no futuro. Alguns podem pensar que o medo é ativado no presente, afinal se estou caminhando à noite, sozinho, e vejo alguma cena suspeita, sinto medo. Se estou prestes a fazer meu primeiro salto de paraquedas, lá está o medo. Se vou falar em público e o tema é importante, sudorese, palpitação e boca seca anunciam o medo. Todas essas situações têm a emoção em questão bastante presente, justamente no presente. Na verdade, só sentimos algo no presente. Contudo o medo só é ativado pelo futuro, pelo potencial de acontecer algo que classificamos como ruim.

O último dos futuros é a morte, e ela espreita-se na imaginação daquele novato em salto de paraquedas. Mas para aquele que falará em público, o futuro que acena pode ser o da humilhação. Para o outro, o de se machucar, de perder algum bem material. Contudo nada está acontecendo no momento em que se sente o medo. Se o futuro que se teme se torna presente sobre aquilo, não se sentirá mais nada de medo. O humilhado sentir-se-á... bem, humilhado, triste, zangado, vingativo. Mas não sentirá medo.

Por isso o medo é em si mesmo um grande covarde, pois nunca se materializa no presente, esconde-se eternamente no futuro. Oposto da coragem. Esta, ao vislumbrar o medroso medo, arranca-o de trás do véu do futuro e o coloca sob seus pés no presente e sobre ele caminha.

A alegria, por sua vez, é brilhante. O passado, o presente e o futuro são fontes para que ela possa ser experimentada. Diferente do medo que some no presente ou se apoia em outro futuro para continuar vivo, a alegria pode e deve ser experimentada naquilo que fazemos no aqui e agora, embora possamos acessar memórias alegradoras ou sua versão futura, os sonhos."

A Comecei pensando sobre o medo, passei pela coragem e terminei essa pequena reflexão na alegria. Talvez porque seja esse mesmo o caminho.

C Interessante. Novamente não se trata de certo ou errado. Trata-se de uma constatação sua, particular, não universal. Contudo, já falamos um pouco da crença. Ela pertence ao indivíduo, sendo apenas coletiva quando partilhada por outros indivíduos. Em tua fala, podemos considerar que é tua crença esta abordagem sobre o medo.

Mas achei muito interessante e passível de ser minha crença também, a ideia do medo precedendo a coragem que se vê seguida da alegria. Não necessariamente sempre assim, mas me parece, esta, uma construção muito boa, uma em que a alegria nos tocaria de forma mais profunda, mais enraizada mesmo, uma vez que emerge de um processo, que posso nominar de luta!

A É então uma luta isso que estamos fazendo? Falamos disso antes quando, na fala, emergiram as figuras em batalha.

C O termo luta pode parecer algo ruim. Entenda isso mais como um conflito, em que não se busca vencer algo, e sim acolher todas as partes em um mesmo campo. Como se a tal luta fosse um processo de integração. Um mosaico é uma imagem composta de diversas partes. Mas note que entre cada pedacinho do mosaico há uma junção. Parece até mesmo uma cicatriz. Podemos ver as linhas que separam um pedaço do outro, mas ao mesmo tempo são elas que unem cada parte.

A Cicatrizes! — Afirmou como se em uma revelação. — Cicatrizes surgem de machucados, de feridas. Este processo me fere, com certeza.

C E isso não é algo ruim, como eu disse. Não quer dizer que não seja doloroso. Disso, creio que não temos como escapar, pois partes conflitantes de nossa vida entram em contato. Geramos atrito, este gera calor, que nos queima, que nos fere, certamente. Mas isso tem a ver com minha visão de mundo: se não passarmos por esta experiência, viveremos uma vida desintegrada, que pode parecer boa em alguns aspectos, mas quem a vive sabe que há um certo vazio. Este vazio precisa ser visitado. Conhecer-se é visitar principalmente aquilo que não se quer ver, justamente porque dói.

A Como seria bom se não precisássemos passar por isso. Passar pela dor.

C Creio ser impossível. — Disse com objetividade. — A dor nos aponta o que deve ser corrigido. Você falou de sermos imperfeitos, lembra-se?

A Sim!

C Pois bem, sendo imperfeitos, não estamos finalizados em nossas possibilidades. Podemos crescer continuamente. Mas isso implica ver o que precisa ser melhorado, não?

A Sim! Soa até mesmo óbvio! — Disse, soltando os ombros como que se rendendo.

FALA 18

Furacão ou, quem sabe, vulcão.

RECOBRANDO-SE DE SUA RENDIÇÃO ao que lhe parecia óbvio, ergueu-se, mas ainda na cadeira disse:

"O que há é confusão. Não apenas devido a um volume de coisas que passam abstratamente em algum lugar material que podemos chamar de cérebro.

Não, não se trata apenas do que podemos chamar de pensamentos. Não, não são apenas eles. Sei seu movimento. Seres absolutamente inquietos que parecem não saber como parar.

Movimentam-se insanamente, mas insano fica mesmo aquele que os retém. Ser abstrato, impegável, mas curiosamente pegajoso. Não larga seu habitáculo. Parece, por vezes, ter ido embora para logo aparecer na inexistente garupa de outro pensar.

Mais leves que borboletas, se movem rápido como um beija-flor. Muitos, ao mesmo tempo. Tentar contemplá-los é uma atividade árdua, mas revigorante! Dizem até que, de certa forma, saudável.

Por vezes até parece que entram em câmera lenta, sob as lentes da mente que as comporta. Na lentidão até conseguimos acompanhar alguns desses pensares. Entretanto, embora não se trombem, o vento de suas asas velozes empurra o lento que apreciávamos, e tudo volta ao rápido que não dá para pegar.

Por vezes parece um enxame, e assim cada pensar se transmuta em algo diferente, guardando o voar como lema de sua existência. Não, não dá para pegar, quem sabe mesmo, só observar. Mas por mais estranho que pareça a um pensar lógico, embora não se pegue, nem com olhos, língua e ouvido, nariz ou mão, ainda assim podemos sentir.

Sentimos até no ritmo insano de seu mover constante. Acelera e quase desritma o coração. Sente-se na pele o que com a pele não se pode tocar. Tudo muito estranho. Talvez falte pensar pensamentos mais maduros, daqueles que prezam o devagar.

Mas incomoda o espaço que o devagar deveria ocupar. Ocupa-o, os intrigantes e serelepes pensares. Ah! Alguns deles são realmente lindos beija-flores, por ora encantadores ou verdadeiros ilusionistas.

Contudo na fauna mental há de tudo. Aquele enxame que se aproxima como nuvem de tempestade vem tomar o lugar daquelas belas criaturas. Mexem-se rápido e causam terror. O semblante muda mesmo que nada tenha visto.

As linhas da face se alteram drasticamente, levando em um sopro o que antes reluzia entre os lábios e se traveste de oráculo. De mentira, mas que parece verdade, tanto que doem na alma e no estômago suas previsões macabras, verdades inexistentes, mas que, como uma voz na curva de uma caverna, anunciam o que não podemos ver.

Vemos sem que exista, mas existe no ver do Oráculo de mentira. Nem sequer precisamos a ele perguntar coisa alguma, sua fala vem como tempestade de repente, num repente que rompe as asas daquele beija-flor, que também era só ilusão.

Vem então a erupção, jorra um vermelho em alta velocidade, aquece as cavernas e túneis dos entremeios. Como fúria aguda molha a pele do transeunte desavisado, que corre em busca de abrigo, sem que nenhum esteja à vista. Mas não há o que ver pois ainda não existe.

Ah! Este ainda é como uma varinha de condão nas mãos desse Oráculo fajuto, que de tão falso se faz verdadeiro, tamanha audácia de sua falsidade. Basta um pequeno movimento e aquela varinha provoca um furacão, inundando de pensar um universo disposto a acatar.

Vira, vira mais e mais, mas vê se vai pra longe, pra tão longe que nem o Oráculo vai te encontrar."

Como se tivesse atingido a exaustão, larga-se na cadeira e estica o braço para pegar mais uma xícara de chá, mas não a alcança e desiste.

    C   Os pensamentos. — Disse como se estivesse com receio de dizê-lo. Eles vêm e vão! Não param. E cá estamos de volta com eles. Novamente dúvidas e com elas, confusão. Entendo o quanto está passando neste momento. Tudo que está descobrindo. Materializando em sua percepção, justamente pelo pensar. Um paradoxo! — Finalizou como se houvesse concluído algo pela primeira vez. Aparentou exaustão também, mas sua presença e tranquilidade lhe davam um aspecto de consciência serena e sábia.

FALA 19

Escolha primordial. Destino?

SENTIDO-SE MELHOR, CONSEGUIU agora pegar a xícara de chá e saborear aquele líquido avermelhado, ainda quente, para sua supresa, e falou:

A No meio desta confusão que me pega no colo novamente, me vem em mente o tema do destino!

C Destino? — Perguntou, surpreso. — Será que estamos às voltas com a ideia de se ter certeza das coisas? Fale-me sobre isso!

"Sobre o destino, cada um o encara diariamente e, ao final de seu ciclo, um destino inevitável, certo, garantido. Essa é uma certeza, uma necessidade da vida, seu contraponto ou quem sabe seu complemento. Aquilo que dá sentido único, verdadeiro, indiscutível.

Assim tal destino, sendo comum, inerente a tudo que vive, não se trata de lá chegar, e sim do caminho escolhido até ele. Como são diversos tais caminhos, as dúvidas podem ser muitas, extenuantes, confusas. Afinal, qualquer caminho terá como destino certo o mesmo.

Mas, antes que ele chegue, cada dia chega com seu fim completando suas vinte e quatro horas. O que se faz quando ainda é possível fazer? Como são imensas as variedades de possibilidades. Assim, escolher parece tornar-se o poder inerente ao bem viver.

Ainda assim, escolher em meio a tantas forças torna-se um ato que deve partir de uma consciência sobre o próprio ato da escolha. Antes de fazê-lo, então, deve-se saber que se pode e deve fazê-lo. Um paradoxo emerge, afinal estamos escolhendo o tempo todo, o que comer, a roupa que iremos vestir, se vira à direita ou à esquerda. Se segue ou se para, se fala ou se cala.

Escolhas acompanham aquele que vive em meio às opções, pois caso não as tivesse, escolha alguma seria necessária. Por isso paradoxal, algo tão presente que parece fazer parte da nossa consciência. Ledo engano. Consciência de que se escolhe exige saber como se escolhe, em prol do que se escolhe.

Para saciar a fome, suprimir a sede, sentir-se amado, vencer uma competição, fazer o que deve ser feito, atuar em seu papel social, rever a própria vida, influenciar uma cultura, seguir princípios, mudar a história ou simplesmente responder exclusivamente a Deus.

Cada escolha é sempre dirigida por um destino, seja ele no final da linha existencial, seja ele algo que se faz nos próximos minutos. Sendo assim há sempre um alvo para a escolha, sendo esta então uma necessidade. Se não houvesse alvo algum, por qual razão seria necessário escolher?

Por vezes até se ouvem bocas e pensamentos dizerem: 'Eu não tinha escolha!' Oras! Perceba que ao não se ter escolha necessariamente não havia opções, mas raramente as opções são inexistentes.

Entre duas escolhas difíceis, um dilema, ainda assim há alguma opção. Se diante de duas escolhas uma deixa de ser uma opção, uma escolha já foi feita, com a qual algum critério foi utilizado para inutilizar uma das opções.

Como muito poucas vezes encaramos dilemas ou falta de opções por completo estamos escolhendo, potencialmente de forma habitual, automática. Se automaticamente tivemos algum tipo de escolha primordial, seria a partir daquela que rege as escolhas futuras.

Contudo a escolha primordial nasce ao longo da história vivida ainda sem que se tenha consciência da vida que se vive. Assim não escolhemos conscientemente, fomos escolhidos. Fomos batizados ou não. Fomos para uma escola ou outra. Viemos em um seio familiar e não outro. Tivemos certos vizinhos e amigos, tios, primos e colegas que não outros que o "acaso" para nós escolheu.

Nossa escolha primordial foi feita apesar de nós, até que nós possamos saber que escolha foi essa. Contudo foram as escolhas que determinaram o rumo e com ele certos resultados, que mesmo desejados podem não vir a ser. Mesmo assim ou mesmo sem tal resultado, um caminho será determinado.

Melhor será determiná-lo, o que por si só não garantirá que a escolha propícia acontecerá, afinal a escolha primordial pode não estar de acordo com o resultado escolhido.

Talvez até mesmo a determinação do resultado seja resultado daquela escolha primordial, o que poderia nos levar a crer no oposto do que acabei de dizer, isto é, então, que toda escolha subsequente será alinhada com o resultado estipulado. Porém um ciclo se mantém regido pela escolha primordial, evitando que mudanças necessárias possam, de fato, vir a acontecer.

Baita imbróglio, regência forte, inconsciente traindo aquele que pensou estar consciente. Ascender-se sobre aquilo que já se faz presente exige um desatar-se daquilo que nos ata. Como saber que o destino escolhido é fruto de uma escolha livre da escolha primordial, uma vez que tal escolha nos envolve por completo fazendo com que tudo que é feito o seja dentro de suas próprias limitações?

Como saber se a visão desenhada é produto de uma liberdade transcendente à escolha primordial? Seria como se devêssemos voltar ao mais puro vazio, para a partir dele poder escolher? Mas então vem um problema: no vazio não há opções e, assim, impossível escolher. Talvez tragicamente estejamos sujeitos ao mundo que nos foi legado como o campo de limitações que criou a escolha primordial que rege todo o caminho ao destino fim.

Com uma centelha de esperança, talvez devêssemos olhar para aqueles que pareciam não ter tantas e boas escolhas disponíveis e ainda assim as fez de forma que transcendeu o que parecia ser um limite obrigatório. Caso do pobre que se fez milionário, do rico que se fez avatar, do letrado comum que se fez pacifista, de uma religiosa que se fez uma grande gestora, dentre tantas outras milhares de histórias.

Embora milhares, ínfimas comparadas aos bilhões de outras absolutamente medíocres.

Mas basta uma fresta de luz na escuridão para trazer esperança, mesmo que ela seja uma ilusão. Quem poderia dizer que aqueles 'afortunados' ou seres elevados já não tinham em sua escolha primordial a gênese das escolhas acertadas, mesmo frente às opções aparentemente diversas e pouco promissoras?

A mais, o que dizer de tudo que foi dito até aqui se não como produto da escolha de palavras oriundas de minha própria escolha primordial? Sendo isso uma verdade, todo o resto torna-se uma inverdade pautada por uma verdade que ainda assim pode não sê-la. Então, qual escolha devemos fazer, afinal?"

C Parece-me que voltamos à questão do pensamento primordial, ou sentimento gênese de tudo, que você abordou antes e sobre ele discutimos trazendo seu contraponto. Tratamos do véu entre eles. Agora temos a escolha como tema, mas ainda dentro do mesmo pensamento. — Com ar de surpresa, finalizou: — Está aí, novamente, o pensar. Mas nossa exploração não terminou. De certa forma ainda está longe de terminar. Mas não se atenha a uma única fala. Devemos colocar todas juntas nesta grande imagem que estamos construindo. Atente-se, sim, ao que se repete.

A Sim, estou vendo isso. Mas me incomoda muito. Afinal, volto sempre na questão da dúvida. Da minha incapacidade de bem escolher. Não nas coisas triviais, pois como falei, as faço automaticamente. Falo das escolhas de vida, aquelas que mudam o viver.

C Entendo! Mas não seria a melhor escolha, neste momento, o que já estamos fazendo: essa exploração? Pois refletir sobre tudo isso é ampliar nossa visão sobre nosso interior. Não haverá garantias, apenas consciência mais elevada e, a partir dela, uma busca, ao menos, mais solidificada sobre um terreno mais bem conhecido, e nele poder-se-á plantar algo que lhe traga os frutos que desejar.

A Mas tais frutos não seriam resultado de uma escolha?

C Certamente. — Afirmou.

A Assim estarei de volta ao mesmo problema, não?

C Não necessariamente, pois seu contexto terá mudado. Seu nível de consciência terá se ampliado e com ele uma nova forma de ver as coisas. Mas, enquanto você não chegar lá, não terá essa visão. Continue seu caminho. Vamos!

FALA 20

Direção.

A   POSSO CONTINUAR NA minha dúvida? Parece que este tema se repete demais! — Disse, entristecidamente.

C   Claro! Siga o fluir das falas que emergem naturalmente. Não busque controlar. Parte da dúvida está em desejar controlar mais do que de fato se pode. Se você sente que deve continuar, neste momento, sobre este tema, faça-o.

A   Ok! — Disse, em um estado de aceitação realizador.

"Por vezes, se não tantas vezes, nos sentimos sem direção. Digo a você, que eu mesmo já me senti assim por tantas vezes que não saberia lhe dar um número exato. Ainda me sinto assim e tenho a sensação de que será assim para sempre.

O paradoxo curioso sobre o qual reflito é que, quando se está perdido, ao menos há infinitas possibilidades e, se não bastasse, justamente essa imensidão se torna um nada, e começamos a duvidar de tudo que poderia ser. Acabamos não sendo nada embora sejamos algo, inevitavelmente.

Se a sensação de deserto assola devemos buscar ajuda, mas para isso precisamos ser vistos. Há que sinalizar tal necessidade para que sejamos encontrados. Por vezes são diferentes caminhos que se apresentam à nossa frente, aos lados. Ainda assim não decidimos.

Há que escolher; se ausente for a capacidade para tanto em busca de uma escolha certeira, que a escolha seja pela escolha em si. Olhe! Enquanto se escolhe, agora você é uma pessoa com um ponto de vista, uma forma de olhar as opções ou até mesmo criá-las.

A escolha, no ato presente, expressará quem você é agora. Porém, ao fazer sua experiência em direção à escolha tomada, você vai se transformando enquanto busca e descobre o caminho escolhido. Você já não é aquela mesma pessoa que escolheu lá atrás.

A jornada já te tocou de alguma forma e se isso de fato aconteceu sua visão pode ter mudado um pouco também. Talvez você encontre uma nova encruzilhada e agora sua escolha será diferente, mesmo que pareça igual. Contudo, por vezes há como que um ciclo vicioso em que se deixa de aprender e a mudança se torna um artefato manipulado por um desejo de manter tudo igual, mesmo querendo que seja diferente.

Anos podem passar, enquanto a história se repete, e como um cachorro correndo atrás do próprio rabo andamos em círculos deixando de ver o que está ao nosso redor. Tal repetição de cenário não significa que somente o cenário não mudou. Nós também não mudamos. Entretanto, o tempo estático muda o tempo todo sem deixar de ser quem é. Escorrendo por entre nossos vorazes dentes que tentam abocanhar o fugitivo rabo, o tempo vai enquanto ficamos.

Pare. Olhe. Talvez assim você evite o trem da mesmice de assolar uma existência que pode ter se tornado patética. A pausa pode tirar um pouco da tontura que emerge de um girar constante.

Com a visão mais bem acomodada, uma escolha poderá ser feita e mesmo que seu rabo o atraia novamente um passo diferente terá acontecido e um novo lugar poderá ser explorado."

C Parece-me que embora estejamos no mesmo tema, uma nova porta se abriu, não?

A Não sei afirmar. Talvez. Afinal — sorriu com desdém —, isso seria uma escolha.

C Mudemos o foco agora. Transcenda o tema para algo maior. Consegue? Vamos ver no que dá?

A Aha! Você escolheu por mim!

C Aparentemente sim, mas não necessariamente, pois se trata de uma sugestão que lhe faço, e não uma ordem. Ainda assim, você quer tentar falar sobre o que lhe sugiro?

A Sim!

C Viu? Decidiu! Vamos lá.

FALA 21

Um nada divino.

"BROTANDO COMO SE do nada. Formando-se em um canto de onde tudo se vê. Por onde muito se passa do que se passa lá fora. Não fica por muito tempo ali e já escorre como uma cachoeira faria, mas com apenas uma gota que tão rápido se fez tão rápido se foi.

Embora uma gota pequena e salgada, é mais como um portal para um vazio que urge por se preencher. Tão pequena se faz enquanto o que a criou é uma imensidão. Talvez se pense que essa colossal genitora seja algo imenso em sua forma, grandiosa em sua construção. Mas imenso é o que lhe falta. Tudo!

Quando nada há, dói mais fundo do que se tudo houvesse, mesmo amores e dores. Dói por não se doer-se, por não se amar e amor doar. Mas se dói, algo há a menos. Dói, mas fora do vazio, já que lá nada se comporta. Se doer lá dentro, some no escuro incalculável.

Dói nas bordas, onde algo se toca, mas nada preenche. Ao fazer-se gota torna-se real, mas logo se desfaz, e desfeito fica como aquele que a originou. Vagando estático lá dentro, consome o que não há. Alimenta-se de tudo que *poderia ser, mantendo-se vivo apenas do potencial. De uma promessa. Matando-a antes que se torne fato, ou real, materializando-se fugazmente naquilo que diminutamente existe por fração de tempo quase que insignificante.*

Busca uma busca sem fim. Gira em si mesmo, mesmo não havendo nada sobre o que girar. Perpetua-se nas possibilidades infinitas enquanto o infinito de sua escuridão se faz eterno. Caminha uma jornada errante embora deseje algo pelo o que desejar. Mas ingrato e estranho consome o menor desejo antes que possa anunciar qualquer esperança de o preencher.

Tanto vazio acolheria tudo, mas ao invés de fazê-lo o consome como que se um dia deixar-se preencher mataria sua razão de ser. Se o nada fosse alguma coisa, assim sendo nada não seria mais, o que acabaria com aquilo que o define. Se o nada se define, mesmo que assim não deveria, então sentido não há! Então, nada mais a fazer, a não ser deixar o nada deixar de ser.

Apenas uma gota brota por onde se vê. O que há lá fora denuncia a ausência que existe lá dentro. Assim lá fora, nada encontrou, por lá dentro nada haver.

Nada mais a dizer pois ele não diz nada mesmo, nunca disse, apenas cala o que ousa ser dito. Uma existência que não deveria existir pelo seu próprio bem, mas o que seria bem para o que não há? Antes então que seja ruim apenas para justificar continuar sendo nada?

Mas um dia nada existiu para que algo que não o nada pudesse existir. Isso, porém, só se fez possível pois algo divino existia antes mesmo que nada existisse.

Somente a infinitude divina poderia ser antes que nada fosse, e por ela, do vazio que nada tem, pudesse tudo o mais surgir. Talvez aquela pequena gota que pelo nada se fez possível existir. Deixe-a correr pelo seu rosto para que toque seus lábios, e por eles palavras santas possam brotar e outros nadas assim semear."

C Deus! — Disse em contemplação.

A Sim! Uma busca, ainda vazia, para mim. Mas me parece que justamente por este vazio posso encontrá-Lo.

A lágrima terminava de escorrer por seus lábios.

C Quando lhe disse para transcender, poderia ser qualquer coisa e você escolheu falar de Deus.

Silêncio!

FALA 22

À margem.

UM RELANCE ROMPEU aquele momento contemplativo. Uma imagem que lhe surgiu na mente. Algo que se assemelhava àquela cicatriz dito por ele quando falou das junções das peças do mosaico. Nesta imagem, este limiar entre as partes foi visto como uma margem. A partir disso narrou:

"Uma sensação de que se está às margens da travessia que sempre sonhou. Bem ali, pés na beirada de um rio prestes a ser transposto.

Do outro lado, a resposta que sempre procurou. Contudo é estático. Os pés não atravessam aquele fluxo que corre e te espera do outro lado. Prestes a conhecer o que há por lá, sem jamais lá chegar.

Aparentemente não há nada impedindo o próximo passo, embora ele nunca aconteça. Talvez a pergunta que incomoda há tanto tempo. Contudo, sem sua resposta, viver é angustiante.

A pergunta, tal qual aquele rio que corre ininterruptamente, flui sem parar. Quando parece que parou é porque para o outro lado olhou e assim apenas deixou de ver. Mas ela, a pergunta, continua lá, fluindo insistente, sem resposta. Ainda não se sabe como atravessar o rio.

Essa pergunta carrega o peso da resposta definitiva, aquela que se fosse capaz de aparecer guiaria todos os próximos passos, indubitavelmente. Mas será que embora a pergunta exista, sua resposta poderá, algum dia, ser dada?

Para tantas outras pessoas, contudo, nem sequer parece que a pergunta um dia existiu. Entretanto, paradoxalmente para elas parece que a resposta já estava lá, cristalina, entregue, aparente sem que a pergunta, um dia, tivesse sido necessária.

Claro, isso é o que parece, mas, como aquilo que é visto sob as águas cristalinas, mas corrente, pode se apresentar distorcido. Fato é que continuo às margens deste rio, somente com a inquietante indagação, sem dar a ela um sequer de solução.

Aquela sensação de um eterno 'quase lá', mas sem nunca lá chegar. Todavia a vida continua, e nesse continuar segue sem a resposta para seu sentido. Sem sentido ela, a vida, vai, porém apequenada, em um rumo de puro 'acaso', criando casos desnecessários por não ter sua resposta.

Como fazer sentido de uma vida que não recebe resposta para o sentido que deveria ter? E se a resposta tivesse sido dada há um bom tempo e apenas como uma criança com medo de água, ela teria sido evitada?

Como saber em caso de ela, a resposta, ter sido ignorada? Já ter sido anunciada da outra margem, mas não ouvida em meio ao barulho da pergunta, que embora a peça também a ignora?

Pés eternamente à margem, congelados pelo medo da água fria, que os libertaria. Será que somente um empurrão inesperado, não pedido, seria capaz de lançar esses pés no caminho necessário?

Viria algum dia tal impacto avassalador? Seria apenas esse o caminho? A solução para o eternamente medroso e indeciso?

E se o empurrão jamais vier? Ficaria essa vida fadada às margens do que poderia ser ou até mesmo do que deveria ser? Qual o sentido da minha vida? Qual o chamado que não se está ouvindo? Há algum, afinal de contas? E se não houver chamado algum? Se a vida não tiver alguma definição ao indivíduo, que, embora não possa fazer tudo, muito ainda está à sua disposição?

E se nossas referências para o que deveria ser o sentido da vida estiverem todas erradas? Apenas expressões de indivíduos que por acaso estão sendo ouvidos por representarem os diferentes desejos realizados?

Mais perguntas sem respostas. Mais margens sem travessias. Mais vida sem sentido."

Ele arrumou-se na cadeira em busca de uma postura mais severa, embora ainda serena, e disse:

C Chegou seu empurrão! Note que toda a nossa construção, embora por vezes redundante, necessariamente, apresenta uma mão que te empurra. Talvez não tão carinhosamente, mas precisamente, em seus dois sentidos. Entende?

A   Creio que sim. Talvez eu não queira aceitar que finalmente poderei atravessar esse rio, que poderei transcender a margem e chegar do outro lado. Vivi tanto tempo deste lado, que me acostumei. Como eu disse, talvez a resposta já tenha sido dada. Mas não ouvi, ou não queria ouvir, até agora.

Baixou a cabeça, não em tristeza, mas em acolhimento de si mesmo.

Um momento importante em que se sente o próprio abraço acolhedor.

FALA 23

Do profundo.

O CHÁ ACABOU. Viam-se no bule apenas vestígios avermelhados, mas o aroma persistia e trazia uma doçura, naquele momento, bastante necessária!

Depois do abraço em si mesmo, sentiu-se melhor e colocou-se a explicar:

"*O profundo se apresenta no superficial. Como algo por vir, mas que só virá sob aquilo que já se apresenta, aquilo que se dá de imediato e que até mesmo para as mentes e olhares obtusos pode ser evidenciável.*

A superfície é de domínio de todos e assim sendo é pouco relevante em termos de entendimento da realidade transformadora. Sobre a superfície todos caminham. Até mesmo pedras se instalam e animais rastejam. Um lugar para todos e assim totalmente comum e necessário.

Muitos devem passar por esta vida apenas no âmbito do superficial, pois para nele estar não se pede esforço algum. O simples ato de existir basta.

A alma, algo de natureza profunda, se expressa visível. Daquilo que se faz sem muito pensar. Contudo todos os atos realizados, inclusive aqueles de ordem biológica, emergem necessariamente do que por trás se esconde, o profundo.

Assim acabamos reféns de uma profundidade não percebida, que por sua vez é afetada pela superficialidade do vivido. Entretanto tal superficialidade é contida em uma profundidade não alcançada.

O profundo externo dialoga com o profundo interno do ser de forma velada, silenciosa, sem que a mente superficial possa, sequer, saber que tal diálogo existe.

Assim as mentes superficiais são entidades reféns, que como sob cabrestos enxergam uma fração mínima do que poderia ser visto. Contudo, tal fração superficial é entendida pela mente rasa como o todo que se pode entender e acaba achando que tem alguma liberdade de manobra, quando esse nada mais é que estreita via limitada pela superficialidade.

O profundo que passa a habitar a consciência é produto de uma primeira impressão sobre o superficial: 'Há algo além.' É o ver sem que os olhos enxerguem. É o tocar, sem que a pele sofra mecanicamente qualquer aproximação.

Aqueles que adentram ao profundo no que se apresenta no externo tocam também o profundo do seu mundo interior, uma vez que, como dito antes, ambos estão em conversas constantes, intimamente ligados. Reconhecendo o que se esconde sob o imediato, torna-se princípio para transgredi-lo e assim acessar o que em parte, ou talvez no todo, rege a relação entre as superfícies.

Porém insinuar-se talvez seja o máximo que o profundo faça, devendo ele ser alcançado, pela busca individual. Isso significa que um outro na intenção de ajudar o um ao acessar as profundezas poderá no máximo apontar, sinalizar ou quem sabe traduzir a insinuação, não podendo junto fazer essa jornada.

Caso o tente fazer, seu próprio profundo irá interferir no do um, alterando sua autenticidade, impondo, mesmo sem querer, a si mesmo sobre o profundo não alcançado pelo um. Aqui parece que se corre o risco de, ao fazê-lo, criar uma nova camada de superficialidade dificultando ainda mais a exploração.

Aquele que passa a compreender a necessidade da experiência com o profundo para descobrir-se deve fazer sua jornada sozinho, permitindo que sua íntima relação com o imediato não se perca.

Assim, estrelas-guias podem ser concedidas a esses aventureiros da escuridão! Mas não poderão habitar o mesmo barco, já que o rio sobre o qual devem navegar é diferente.

Bilhões de rios cortam a superfície do superficial, mas todos devem desembocar em um mesmo mar. Lá todos os íntimos profundos poderão se relacionar com segurança em sua singularidade, pois se lá estiverem certamente percorrerão seus rios particulares e neles se aprofundarão, traduzindo à sua maneira a linguagem particular que comunica seu íntimo interno com o íntimo externo.

Penso que mesmo para as almas que ao mar chegaram há uma outra jornada ainda mais profunda. Um mergulho naquilo que se faz da união de todos os singulares profundos que lá se unem.

Como se meu íntimo fosse doado ao todo sem que de mim fuja. Ainda habita em mim. Contudo agora tenho uma camada que vai além. O profundo coletivo, que, creio, se conseguirmos nele mergulhar, alcançamos a experiência mais distante da superfície: a experiência de adentrar ao profundo de Deus."

Ao finalizar, levantou-se rápido, virou para o lado direito, circundou a cadeira e atrás dela parou. Apoiou-se sobre o encosto e em tom de cobrança disse:

A Se essa jornada devo fazer sem companhia, solitariamente, como você está aqui comigo?

Ele olhou fundo nos olhos questionadores. Manteve o silêncio que se deu depois da pergunta. O ar parecia estático. A fumaça do bule, mesmo sem chá, dançava no ar, por mais estranho que fosse, parou também, ou ao menos pareria ter parado. Tudo parou.

A ligação entre os dois que até então conversavam aumentou. Não foi preciso responder!

FALA 24

Sacrifício.

SEM QUE ELE precisasse retomar a conversa houve um entendimento mais profundo. Cruzou-se a margem. Profundo tornou-se e então um novo tema pôde emergir. Um que fala direto à alma que melhor compreende o viver.

A Quero te contar o que me ocorre agora. Mais do que uma fala que nasce em mim como as outras, essa quero dizer a partir de uma escolha consciente. — De forma serena e bastante reflexiva, disse:

"Por vezes, aquilo que nos faz sentir cortando a nossa carne pode alcançar a nossa alma. Falo aqui do sacrifício. Na intimidade do ato reto há como que uma intimidade com o divino. A esse cabe saber sem que qualquer outro saiba. Basta que se saiba nessa tal intimidade que de tão única reside na unicidade. Sagrado se torna o ato que busca tal união no saber consciente de que o que tudo sabe já soube antes mesmo do ato concreto.

Por vezes atribuímos a qualidade de sacrifício a atos que intencionalmente se amarram ao reconhecimento de outros que não somente aquele que só se encontra na intimidade de quem atua. Tais amarras atuam também, porém como âncoras que impedem a alma de elevar-se ao mais alto, tornando-se refém de correntes que a ela não deveriam pertencer.

O ato tido como sacrifício, que clama pela compreensão daquele por ele beneficiado, perde nas correntes dessa âncora sua sublime qualidade. Assim não deve mais ser denominado sacrifício, e sim barganha.

Amarrar a alma nesses elos férreos de transação negocial do ato que se atreve qualificar-se como sacrifício impõe o fel que amargará a alma. Como em qualquer transação, o lado que não receber o que espera sente-se prejudicado, até mesmo traído.

Ao fazer algo, que em princípio poderia ser um sacrifício, mas na espera de um reconhecimento que não vem, não só deixa de ser sagrado como traz o senso de prejudicado. Esse sobe pelo ferro frio que acorrenta a alma e a machuca. Sente-se na carne como que o corte de uma navalha manuseada por mãos tidas como traidoras, mesmo que não sejam.

O ato puro de sacrifício existe na inexistência de seu reconhecimento terreno, social e relacional. Ele, o sagrado ato, existe como que por si só, e assim se faz real no veículo de ação que experimenta o mesmo espírito.

Mas humanos que somos, talvez caiba dizer que de profundos cortes de navalha evoluímos para espetadas de espinhos, que embora possam fazer verter sangue, não mais o fazem verter pelas correntes amarradas à alma.

Elas não mais a alcançam pois elevou-se a um patamar sublime e íntimo, acolhida por aquele que sempre a acolheu, sem distinção.

Por isso sagrado será o ato que da carne se descolar, muito embora dela precise para se realizar."

Quem olhasse de fora, veria apenas uma única pessoa, sentada à direita da mesa, com a janela ao fundo. A figura peculiar não era visível a olhos estranhos, alienados daquele momento. O olhar de fora, agora não mais poderia compreender que ali ainda se travava um diálogo, mas em outra esfera.

FALA 25

Reflexo.

"*AQUELE REFLEXO, NAQUELE momento, daqueles de encontro dos olhos com eles mesmos, parecia a denúncia de um momento presente feito daquilo que se podia ver em um instante. Reflexo comum, do dia a dia, despretensioso. Um que só revela o que todos os dias revelaram.*

Mas naquele reflexo, igual a todos os outros, havia algo diferente. Refletia mais do que a íris circundava em seu esforço constante.

Algo emergia em luz de um lugar escuro que insistia em guardar o que o presente teimava em esconder. Como que na carona daquilo que penetrava os olhos levava seu observador para dentro de si. Ao olhar nos olhos próprios mais do que eles se veem. Vê-se algo que não se revela de imediato. Esguio, esgueira-se por entre a rotina que lhe dá uma camuflagem feita de si mesmo. Exige um olhar penetrante e corajoso. Desejoso de si.

Um reflexo assim se vê mesmo de olhos fechados. Verdade mesmo é dizer que tal reflexo melhor se vê quando não há reflexo algum. Não daqueles com os quais já se acostumou. Suga para dentro de si o que antes parecia repulsa.

Abre-se como porta que destrancada, mas sem maçaneta, move-se como que por vontade própria.

Revela ali o que ali sempre esteve, sua jornada pregressa. Sua história vivida e, em muito, esquecida. Como um fruto revolto que é levado para longe do pé e perde a noção das raízes que o criou.

Mais do que reflexo, agora, uma vida toda que pede um olhar. Por ele pede compreensão e não apenas repetição. Se assim continuar basta voltar ao início. Mas não, assim não deverá ser à alma que toca sua trajetória. Integre-se a ela. Entregue-se a ela, pois ela permeia sua estrada toda.

Eleve-se sobre ela para ver de seu ponto de vista e com ela aprender aquilo que da repetição não se deve mais repetir. Pare com aquilo que não deve mais refletir no seu dia de amanhã. Porém, pode ser duro, tenebroso, assustador ver por esses olhos elevados, pois eles poderão denunciar sua própria verdade. Talvez, ou quem sabe por certo, te libertará.

Ainda assim, um vazio pode assolar essa pobre alma que se revela e uma história que denuncia possibilidades que já se foram. Mas lá de cima, embora à vista fique o que foi, há também a esperança do que poderá ser. Que não seja reflexo daquilo, que agora se faz claro à você, mas que deve ser guardado em um lugar distante, para que não mais emerja, mas cujo ensinamento jamais saia de seu lado.

Porém aquele reflexo diário insiste em ficar. Não porque é bom, mas porque tornou-se familiar. Deixá-lo é embarcar em conquistas incertas. O familiar é certo, mesmo que já seja um condenado por nosso próprio olhar. O único que tal reflexo de fato pode julgar.

Julgamento duro, mas muitas vezes insuficiente para encarcerá-lo em seu devido lugar.

A alma então chora na esperança de que suas lágrimas tragam mais que claridade. Elas clamam por lavar o que polui e também o poluído.

De tristeza então fica tomado o coração agora tocado. Amargurado pelo que foi. Sim, já foi, mas para quem vê nas profundezas parece mais presente e intimidador que aqueles olhos fixos no espelho. Espelho da alma. Uma visita aos dias que um dia foram vindouros e que, agora empoeirados, anunciam tempo passado.

Dai-me coragem e propósito para o porvir alegrar a minha alma. Para que não mais se reflitam aquelas horas que não passaram.

Nada mais. Só passaram. Não voltam e como parede elevada por obreiros distraídos cada pedra colocada deixa buracos. Não se encaixam. Para tanto deveriam ter contado com mãos habilidosas, cuidadosas. Mas não, buracos! Muitos deles ficaram e, de tantos que são, não mais podem ser fechados, embora estejam tomados pela vegetação do "acaso".

Não se vê mais algo refletido. Vê-se o que é. Uma obra imperfeita. Talvez deva-se escalá-la. Quem sabe derrubá-la e de seus escombros aventurar-se em uma nova elevação. Elevar-se porém sem saber que céu tocar? Eleve-se sobre a obra ainda por vir. Olhe-a de cima antes mesmo de começar.

Mantenha o olhar de lá! Teus pés, onde teu olhar vê. Una os dois com a obra que tuas mãos podem agora criar.

Vejo os mesmos olhos, mas o reflexo é diferente."

A   Vejo você na minha frente, diferente. Vejo-me ao vê-lo. Como se fossemos um só. Somos?

C   Tuas falas falam de ti, não de mim. Contudo podem me incluir, como parte de ti. Continuemos.

FALA 26

Sobre o que você sabe.

"QUEM SABE VOCÊ se encontra em meio a um desses extremos: aquele que acha que sabe tudo e o outro que pensa não saber nada.

Como em todos os extremos há perigo mortal para a sua capacidade de se localizar adequadamente, inclusive no meio das outras pessoas. Quem está no extremo está na beirada do que pode ser um precipício. Onde ele vai dar, talvez não se queira descobrir.

O fato é que, independente de quem você é, algo você sabe. Mesmo que lhe pareça ser tão igual ao que todo mundo sabe, o que é seu só o é porque somos estranhamente diferentes.

Impossível uma história individual ser vivida por duas pessoas. Irmãos gêmeos veem a vida diferente um do outro, por mais que seus pais os obriguem a vestir a mesma roupa. Uma única decisão diferente que se toma, mesmo vivendo a mesma circunstância, já faz do caminho um outro.

Cada um sabe alguma coisa. Embora todos saibamos algo, não quer dizer que seja interessante para qualquer outra *pessoa, além de você. Entretanto creio que mais do que aquilo que se sabe é como chegamos a ele.*

Pode ser que tudo que alguém sabe fazer é tocar um trem. Dirigi-lo mesmo, ou seria correto dizer pilotar? Eu não sei, mas quem o faz sabe, e isso pode se transformar no apito que anuncia uma nova viagem, aquela que levou o maquinista a ser maquinista. Sua história pode estar repleta de curiosidades da infância, influência do pai, amor pelos trilhos e pelo som característico daquelas rodas de ferro girando sobre ferro, em uma dança que pode se assemelhar a remadores que em vez de puxar remos puxam rodas.

Mergulhar nas origens do que se sabe é se permitir saber algo novo sobre o que já se sabe. É visitar as raízes. Isso tem efeito terapêutico. Mais do que aquilo que você pode dizer que sabe é encontrar a história que te levou até lá.

Se você fizer isso, terá em você mesmo a primeira pessoa que fará questão de te ouvir mais. Descobrir e tirar o véu ou mesmo aquela manta pesada que cobre algo que já está lá. Revelações do que já se sabe, sabendo de um jeito diferente.

Essas visitas àquilo que está coberto podem ser bem irritantes. Talvez você encontre justamente o que, por tanto tempo, vem evitando, mesmo que inconscientemente. Pode ser bom, provavelmente necessário, mas certamente desconfortável. Raros os que gostam de olhar no espelho e ver uma cara feia, que lhe conta a verdade nua e crua. Mas ao menos uma máscara pesada cai, e você terá que encarar os arranhões e ferimentos que ela te causou.

Algumas cicatrizes podem marcá-lo para o resto da vida, mas elas serão suas, únicas e denunciarão que você é um dos poucos que teve a coragem de tirar uma máscara que transfigurava sua alma enquanto mentia aos olhos dos outros.

Todos sabemos algo, sempre. Poucos descobrem suas origens e vivem em paz por causa delas."

Aquela figura peculiar que guiava a experiência das falas tornou-se parte dela, contribuindo com sua própria parcela. Estranho, contudo, ser assim, já que a exploração não era em sua alma, e sim na do outro. Mas assim aconteceu, tornou-se parte. Ou seria correto dizer que já o era e estava apenas aguardando o momento certo para se apresentar como tal? Como consciência que se fez matéria para depois voltar ao seu estado original.

FALA 27

Entre dois bosques.

LEVANTARAM-SE E FORAM caminhar. Pela mesma trilha antes experimentada os passos seguiam ritmados, sem pressa. Havia contemplação na caminhada. Uma observação mais atenta sobre o que viam e sentiam. Isso permitiu enxergar o que se descreve agora.

"De um lado um bosque. Sobre ele brilha um sol radiante. Seu calor é convidativo e alegrador. Quem o observa de fora, percebe sua mata. É rica em variedades. Suas flores se espalham e enchem os olhos de tantas cores. Suas árvores não deixam dúvidas de todas as alturas que podem alcançar. O odor que emana de seu meio instiga sonhos e apetites. Os sons, ah! Parecem música de qualidade divina. Sobre esse bosque e embaixo do sol repousam nuvens, que por vezes se deixam embalar pela dança proposta pela música natural. Quem observa se encanta. Deseja entrar e nessa selva encontrar todas as promessas que lhe foram sugeridas.

Do outro lado a cena se repete. Um bosque tão vasto quanto o primeiro se ergue diante do observador. Há também um sol, mas daqueles de fim de tarde. Suas flores ganham a beleza das sombras. Suas árvores, um tanto menores, trazem a sensação de que ali há um limite na altura. Por outro lado, os vãos entre elas denunciam uma vasta profundidade, como que se ao penetrá-la qualquer um pudesse se esconder furtivamente.

A brisa mais fria que toca quem vê o bosque carrega um cheiro mais cítrico, também convidativo, talvez mais para as almas que querem repouso. Há um barulho que causa curiosidade. Convida a ser decifrado e de certa forma encanta. As nuvens passeiam pelo céu.

São um pouco mais inquietas como se quisessem descer ao bosque e nele se esconder. Quem observa esse cenário pode desejar seu cálido e aparente conforto refrescante como que por um canto de sereia fosse convidado.

Entre dois bosques. Aquele que busca elevar-se acima de si mesmo compreende que seus pés e mãos tocam, ao mesmo tempo, as duas ofertas. De cada lado de seu próprio extremo. Por vezes pende para o primeiro e se embriaga de suas benesses. Atordoado pode esquecer-se de regressar à margem partilhada e descobrir o veneno das cobras que rastejam por entre as flores que repousam no solo, ainda belas.

Por vezes pende ao segundo. Por um tempo encontra repouso, segurança em um esconderijo. Com o tempo, implacável em sua natureza, descobre-se escondendo de si mesmo. O repouso anuncia-se em vergalhões que atam os pés ao chão. O ar fresco, de tanto insistir, resfria, embaça os olhos e resseca a pele.

Nos extremos cada bosque se revela na natureza de quem o visita, por muito tempo. Regressar àquela margem comum a ambos pede nela também permanecer mais longamente. Quem assim fizer não mais terá os extremos como seu algoz. Ao invés, terá no meio as boas qualidades que seus pés e mãos alcançam ao mesmo tempo, enquanto se abre como que para abraçar alguém que se ama e há muito não vê. Quem se sustentar assim elevar-se-á acima de si mesmo."

Ao conceber esse entendimento, ambos caminhantes puderam trocar palavras novamente, um falando ao outro, mas sem que o que fosse falado viesse como novidade. Ambos os bosques percebidos o foram pelas duas figuras transeuntes. A capacidade de ver os dois lados ao mesmo tempo era presente para ambos.

C.A Como percebe o mosaico agora?

A.C Ainda incompleto, certamente. Porém mais bem construído que antes. Talvez as peças que ganharam forma em cada fala que eu trouxe se tornaram mais nítidas para mim. Mais do que isso, uniram-se trazendo um entendimento um pouco mais amplo sobre o que tenho em minha alma. Parece que ainda está longe de conseguir representar tudo o que é, este mosaico que estamos construindo, mas o que já tenho me alivia um pouco mais. Me dá mais clareza, ainda mais para quem sempre buscou certezas. Sei que não as terei por completo, isso creio ter aprendido. Mas saber melhor sobre mim me acalma.

C.A Conseguirmos perceber dois opostos ao mesmo tempo nos permite encontrar o meio entre dois extremos. O caminho que se abre nesse vale de opostos parece que nos permite fluir pela vida como aqueles rios sinuosos que correm por entre montanhas.

FALA 28

Horizonte inescapável.

DEPOIS DE OBSERVAREM aquela cena curiosa, dois bosques opostos coexistindo, ele pediu para continuar a caminhada e subir ao monte que se erguia mais adiante. Foram até o cume em silêncio. Conversavam sem que palavras fossem necessárias. A trilha até o topo foi bastante fácil, embora tenha tomado um bom tempo para completá-la. Tempo necessário para o que viria na sequência.

No topo do monte, de onde não se podia ver mais a sala onde tudo começou, ele sugeriu fazer o que se expressou na fala seguinte:

"Um mistério. Além daquele horizonte repousa dúvidas. Também crenças. Para vários, esperança. Para muitos, terror. Certamente, repouso. Talvez não da maneira que conhecemos quando descansamos. Talvez descanso eterno. Quem sabe sofrimento, ainda assim, não como conhecemos aqui. Lá deve ser diferente, mas quem sabe, sem dever algum. Para alguns só dever pelo que uma vez aqui devido mas não realizado.

No horizonte, por vezes quando os olhos decidem reparar, brilha um sol que pode apontar, em seu movimento, o destino de todos os viajantes. Seja para cima, seja para baixo. Depende de quem olha em um quando olha. Seu levantar ou repousar é rápido. Eleva-se ou esconde-se tão rapidamente que somente os interessados e alguns desavisados podem apreciá-lo.

Mesmo com boa intenção o diligente observador pode não ver o raiar em sua plenitude. Nuvens, por vezes belas e brancas, por vezes cinzas e dramáticas, escondem a luz direta, mas não a apagam. Mirar diretamente aquele astro inflamado só é possível quando está próximo do horizonte. Ao subir mais e nos convidar a elevar nossas cabeças, torna-se agressivo aos olhos. Melhor sentir seu calor do que encará-lo. Ao descer e tornar-se invisível, nos cobre com um manto tão escuro que ver se torna um desafio aos sentidos.

Em uma rotina previsível mantém seu curso. Sobre as águas e a terra seu observador viaja. Ao fazê-lo embrenha-se na mesma rotina sem que perceba que faz parte dela. Esquece que poderia ou quem sabe deveria explorar o que há em cima e o que reside embaixo.

Mistério no horizonte. Mistério o que há dentro de nós. Tudo tão distinto em suas formas e suas cores. Distancia desejos e acolhe tudo que se diferencia.

Tudo aqui ocupa espaço enquanto este sobra. Por lá talvez ocupe um espaço diferente de forma a nele estar sem que dele use, sequer, um milímetro. Mistério, cá e lá. Mas mistério mesmo para quem ainda se vê somente com seu olhar. Qual outro haveria então? Do outro. Ao olharem o mesmo horizonte verão apenas seu reflexo. Como será ver a soma de todos os olhares, de todos os reflexos? Será que além do horizonte como em um grande espelho todos os reflexos se unem em uma imagem só?

Quem haveria de vê-lo? Quando? O que veria aquele que tudo vê como uma imagem só? Qual fração seria eu? Embora quase que insignificante não seria eu parte desse todo? Quem sabe até poderia me sentir como tal, sem, contudo, me sentir o tal.

Naquela linha do horizonte, onde o que se sabe, por pouco que seja, integra-se ao todo saber. Mas por mais misteriosos que cá e lá sejam, para o que se pode saber, naquela linha tudo se acaba, quem sabe até o mistério, vai saber! Então que se viva entre o escuro que nos traz à luz e o horizonte que ao escuro nos retorna. Até onde se sabe."

O sol começava a se esconder atrás do monte. Este é um movimento rápido e de repente há pouca luz, anunciando a chegada da noite escura, que prometia ser enluarada. Contudo, descer era necessário. Regressar o caminho traçado e chegar ao pé do monte em segurança. Mas ali adormeceram sobre o mato, sem manto que os protegesse da noite fria.

O sol nasceu novamente. Seu ciclo aparentemente infinito trazia luz ao novo dia. Já estavam de volta ao caminho que os levara para o topo. Sentiam fome. Comeram frutos que encontraram no caminho.

Ele então disse:

> **C.A** Fale-me agora sobre sua percepção do todo, do fato de sermos singulares em meio ao coletivo. Penso

que é importante direcionar seu olhar agora para algo mais amplo, que transcende tua própria busca e lhe traga mais clareza sobre o fato de partilhar este mundo com tantas outras almas. — Pausou a fala e a caminhada como se precisasse concentrar toda sua atenção no que diria a seguir. Continuou a fala e a caminhada dizendo: — Explorar-se é essencial, como estamos fazendo. Mas é necessário entender que tal exploração significa encontrar-se para melhor se oferecer ao mundo e com ele contribuir. Fale-me, então, o que vê sobre isso.

FALA 29

Entre dois mundos.

"DE CERTA NATUREZA o ser humano é constituído. Mesmo sendo o que é, poucos sabem como deveria ser. A própria natureza humana encarna uma interrogação. Um duelo épico, que não traz em seu cenário mares e montanhas, lanças e espadas. Não enfrenta dragões nem salva nações. Ainda assim é profundo como o leito do oceano.

Exige a força de um alpinista que conquista o mais alto cume. Tem sua alma perfurada pela mais pontiaguda lança e seus ossos partidos pela mais impiedosa massa.

Uma batalha quase que desigual, pois se luta dentro de si mesmo contra uma miríade biológica cujas raízes fluem o antagonista da própria batalha. Transcende os lados que disputam anulando sua necessidade. Mas raízes profundas são difíceis de alcançar.

Enquanto o sangue corre do lado de dentro jorrando a cada estocada que a alma suporta, lá fora tantas outras batalhas se repetem em corpos singulares. Mesmo que invisíveis aos olhos do observador, as dores e conquistas digladiam na âmago solitário de cada coração.

Os tremores e erupções que cabe a cada um saber em si roubam a visão necessária para enxergar o invisível. Não se vê dentro, apenas se sente. Essa mesma realidade emerge quando o que está fora se materializa da mesma maneira. No espaço que separa o sofrimento de um do sofrimento do outro flutua escondido o antagonista. Aquele que anula as batalhas internas. Não em seu propósito, mas em sua dor, que se torna leve como o ar que sustenta tamanha bênção.

O mais curioso, até mesmo estranho, é perceber que sentir o que há nesse espaço passa por compreender o que escorre na batalha de uma alma. Conseguir alcançar tal visão é encontrar as lentes que traduzem a confecção dos laços da solução.

A natureza ainda urge sua face primitiva e necessária. Deve-se respeitar sua parte no todo de um único ser humano. Mas render-se a ela é o mesmo que encontrar o ouro sem jamais tirá-lo do barro. Há que limpá-lo, lustrá-lo e fazê-lo uma aliança que coroará os laços que somente aparecem quando mergulho naquilo que é o sofrer alheio.

Graças devem ser elevadas aos ares por não estarmos sozinhos. Embora solitários nas fissuras da alma encontraremos por elas, de outros, luz esclarecedora.

Sim, já sabemos, mas a natureza primária é forte e persistente. Aloja-se na carne no mais denso que há. O bálsamo a ela dar-se-á no mais sutil que puder encontrar. Já sabe! Sua natureza pede que a olhe nos olhos e a ela entregue as lágrimas da redenção. Busque, nas almas, as batalhas alheias, pois a sua própria servirá ao estrangeiro que a buscar."

Terminou sua fala ao mesmo tempo que terminou a caminhada. Parou, olhou para os lados, viu aquela sala, onde antes repousava o chá. Não estava mais lá. Em seu lugar, água. Límpida, reflexiva.

Entraram e sentaram-se novamente. Pegou o copo que já estava quase cheio, olhou para a água que lá estava como se olhasse um espelho. Bebeu. Sentiu-se leve e assim levantou-se. Olhou ao redor e viu um quadro que antes não notara. Aproximou-se dele. Com os braços soltos ao longo do corpo, coluna ereta, olhar atento e sem mover seus olhos daquela imagem, disse:

FALA 30

Quadro meu.

"ADMIRO! SOBRE MEUS PÉS mantenho-me estável. Em minha frente, um quadro. Percebo seu tamanho e suas cores. As pinceladas que o criaram. Sua imagem irradia beleza, uma que eu vejo e aprecio.

Qualquer um pode vê-lo, mas não como eu. Ele reflete parte de mim. Quem sabe todo ser que há ao meu alcance. Noto seus detalhes, pois me detenho para reparar. Vejo sombras e luz. Uma harmonia estética, estática, cativante, metafísica. Ao admirar com tal intensidade vejo mais do que minha programação biológica me permite.

Detenho-me mais e mais. O espaço que nos separa turva-se, curva-se diante de nossa conexão. Sem mesmo dar um passo, ele se move a mim ou eu a ele. Ainda não o toco com minhas mãos, nem poderia, mas posso senti-lo com um tato que não se explica, se vive.

Continuo parado sobre meus pés, mas meu todo se movimenta. Pinta e repinta aquele quadro já pronto que se sustenta sobre uma parede que deixei de notar. Sem saber pintar com pincéis ou entender a alquimia das tintas que se misturam em uma dança estática, torno-me seu pintor.

Eu o possuo com todo meu ser. Já não há mais o observador e seu objeto de admiração. Fundiu-se. Uma mesma coisa. Sinto as pinceladas em minha pele. Minha alma se tinge com suas cores.

Ainda não o toco com minhas mãos. Mas somos eu.

Aquela imagem, embora não deixe de sê-la, torna-se minha verdade. Viva e vibrante como uma realidade inexorável dentro de mim. Não há como duvidar de sua existência, embora agora nem mais parede exista. Aquele quadro que só meus olhos viam não existe mais. Digo mesmo que nunca existiu. Pude vê-lo, pois era meu desejo. Antes que o pudesse sentir, ele se materializou apenas em minha visão. Ao me enamorar-me dele, o conheci sem qualquer restrição. Abri-me para que ele pudesse se apresentar por inteiro e assim senti-lo em sua essência e significado.

Ao vê-lo antes mesmo que pudesse existir, pude crer. Mas não assim, já tão rápido. Tive que me deter com ele. Com paciência e admiração. Só então ele se fundiu a mim, embora de mim tenha nascido. Compreendi essa dinâmica como aquela que se sustenta um profundo crer. Reconheci suas tintas e suas cores, quase que infinitas. Sua beleza profunda e sutil. Tornei-me canvas a pintar-me com as tintas mais belas que há, as cores da fé."

Ele, que ouvia, continuava sentado com um copo de água nas mãos. Olhando fixo para a cadeira, não via seu interlocutor, somente um quadro que repousava como se aguardando para ser colocado em uma parede.

Levantou-se e foi até a cadeira à sua frente. Ao colocar as mãos nas laterais do quadro, viu-se segurando os ombros de com quem falava. Sem susto nem espanto, manteve suas mãos, enquanto disse:

> **C.A** Teu mosaico, embora incompleto, como sempre será enquanto nesta terra viver, está mais bem preenchido. Como uma pintura que vai se formando sob as pinceladas hábeis de um grande pintor, vai dando formas aos traços que solitários poderiam não significar nada.

Mas já unidos como estão trazem algum sentido, que antes não era notado. Creio que estás em um momento que pode nos contar sobre isso. Sim? — Voltou à sua cadeira para ouvir.

> **A.C** Sim! — Disse e completou:

FALA 31

Traços com sentido.

"**NESSES DIAS, ENQUANTO** *meus olhos se abriam, repousavam sob eles o mesmo cenário. Seus elementos até mudavam de posição. Por vezes de cores e sombras. Todos os dias eu seguia o mesmo caminho.*

Por vezes mais veloz, por outras nem tanto. O que eu via era diferente em si, mas não naquilo que me fazia ver. Via igual até o que era diferente. Por vezes me encantava, por outras me espantava. Do mesmo jeito. Via luzes cintilantes, verdes dançantes, asas flutuantes. O calor escaldante e um frio congelante. Tudo do mesmo jeito. O jeito se fez um multifacetado.

Na multiplicidade do mundo, sua soma, no meu jeito, multiplicava-se em divisões que não diferenciavam, mas traziam o mesmo resultado.

Resultava-me no mundo. Só meu mundo. Naquele jeito, só!

Nestes dias abro meus olhos e eles repousam no mesmo cenário, sobre mim. Mas o cenário mudou. Não está mais lá aquele que sempre vê. As faces da realidade, e isso é o mais estranho, cada uma em sua singularidade, não mais se somam ao mesmo resultado. Por entre os, antes imperceptíveis, vãos, entre cada faceta, emerge algo que, embora lá já estivesse, não havia sido visto.

Mas agora vejo. Vejo-me mais. Toma conta de mim um estranhamento desconfortável. Sinto coisas que já senti, mas não pelo mesmo que outrora fora sua gênese. Enojo-me de me ver assim, tão estranho a mim mesmo. Emerge dos vãos algo de mim que já estava lá, mas nunca havia notado. Quem sabe só havia negado.

Não, não me contenta esse diferente que não me faz sentir igual a antes. Incomoda-me profundamente ver além do verde um arenoso, seco e escaldante lugar, sobre o qual meus pés insistem em não tocar. As asas flutuantes agora carregam garras que parecem desejar minha carcaça. Mas ainda vivo. Não as quero rasgando minha pele enquanto ainda a sinto. Sento-me onde antes era confortável e as lascas da pedra que me sustentavam agora me furam, penetrantes em meu ser. Dói ver o que não via. Ver o que me desagrada em mim. O novo cenário parece vivo demais. Move-se por si só, em minha direção. Consome meu jardim e me obriga às sensações evitadas.

Agora a areia engole meus pés como uma boca suja de brasa morta. Queima, contudo, por dentro. Seu calor é tão intenso que se faz vidro e sobre o fundo escuro do desconhecido, vejo minha face. Composta de todas as facetas do mundo anterior acrescida dos vãos que se parecem com cicatrizes de uma dura lição.

Fecho os olhos para não ver. Porém o que encontro não é o meu escuro aconchegante, e sim a continuação daquele espelho que se apresentou sem ser convidado. Como um intruso na festa, desrespeita meus convidados, mas me faz ver que tais eram somente réplicas de um eu pela metade.

Se houver coragem e humildade, todas as faces se encontrarão em um banquete em que todos os paladares se saciarão.

Aparentando uma certa surpresa, ele disse:

C.A Confesso que havia, agora, uma expectativa que foi quebrada. Esperava ouvir algo, talvez, um tanto mais positivo. Porém ao ouvir esta fala ainda vejo a presença da dor.

A.C Sim, mas devo lhe dizer que não se trata de uma dor de feridas abertas. As junções entre as partes de meu mosaico já se fizeram cicatrizes, como disse antes, mas elas não estão curadas, por assim dizer, contudo não são feridas abertas. Dói ainda pois estou me acostumando com esta consciência que me ajudou alcançar.

C.A Sim! — Disse com carinho. — Sinto-as contigo.

Levantou-se, estendeu sua mão em convite. Disse:

C.A Venha, verás onde teu quadro se encontra agora.

Então saíram da sala. Começaram a caminhar pelo mesmo caminho de antes. Mas agora havia uma bifurcação outrora despercebida. Seguiram pela nova trilha. A caminhada foi curta e chegaram a um grande prédio, onde muito do que já foi na história se fazia presente em suas mais diversas formas de expressão. Entraram e ao fazê-lo, aquele que se explorava disse:

FALA 32

Museu de si.

"DE FORMAS NÃO tão generalizadas, mas que quando enclausuradas por paredes e tetos, lhe oferece um meio de acessá-las. Pode-se passar por modestas batentes ou por grandes e imponentes portais e portões. Geralmente atravessamos este vazio necessário experimentando-o como tal e como tantos outros que experimentamos antes. Ferro, concreto, madeira, vidro. Matérias apenas que em si mesmas não são mais do que isso.

Por muitas vezes entra-se e sai, assim, sem razões para voltar. Por outras entra-se em si mesmo, de onde voltar não faz sentido, pois lá já é o destino de seu retorno.

Das mais variadas formas esse experimentar-se lhe é oferecido. Traços pretos ou coloridos, tamanhos os mais diferentes, estocadas com material suave sobre superfície delicada. Pancadas objetivas que arrancam pedaços, mas revelam belezas. Por vezes um feio belo em sua proposta.

Para muitas olhamos de maneira indiferente. Não nos toca. Outras nos tocam tanto que parece que o papel se inverteu e ela nos olha. Nos provoca. Nos atrai e também nos incomoda. Sua linguagem estética nos convida ao ideal. Nos faz pensar pelos nossos sentimentos, mesmo quando esse é o da indiferença. Se estivermos atentos. De um volume colossal, é até sadio não nos atermos delongadamente em todas elas. Há que se escolher. Sua linguagem única irá falar para poucos, mesmo que sejam muitos que venham a admirá-la.

Ao se encontrarem, que aquele que olha e aquele que é olhado detenham-se enamorados. Conversem intimamente sem que uma única palavra precise ser dita. Ao fazê-lo, mesmo quando distanciar-se a levará consigo.

Agora parece que faz parte de você algo novo que encontrara naquela breve relação, pois aquilo que em si emergiu já lhe era seu anteriormente, apenas precisava ser resgatado.

Ao cruzarmos aquele vazio outrora citado que o faça como um portal ao seu próprio mundo. A linguagem que encontrará naquele lugar externo de matéria visível a te enclausurar é caminho para que em si mesmo possa mergulhar.

Embora seus olhos possam capturar as imagens de lá, suas mãos, em alguns casos, poderem tocar, pouco significarão se sua alma não vir e tocar junto com você. Por isso, ao entrar leva consigo sua alma e faça seu melhor para que ela não a deixe só. Caso contrário, quando, pelo vazio passar, correrá o risco de somente o vazio levar.

Preencha-se de sua própria alma para que ela possa encontrar a de quem materializou a sua naquilo que irá encontrar.

Nesse museu, ao qual me trouxestes, vejo minha própria história como também de vários outros que cruzaram meu caminho. Vejo até mesmo histórias de outros que não conheci, mas que de certa forma influenciaram a minha."

Ele disse:

A.C Por certo que sim. Somos o que somos com as circunstâncias que experimentamos. Poder olhar para tudo isso nos ajuda a compreender melhor nossa vida, pois vemos nossa própria história.

C.A Sim, mas não vejo mais minha história como uma estrada única e sim como muitas estradas que se cruzam constantemente. É como se eu visse um emaranhado de linhas. Algumas delas eu tracei, outras por outros foram traçadas, mas todas fazem parte de minha trajetória. Nunca havia notado isso.

A.C Pois bem — disse finalmente. — Coloquemos seu novo quadro logo ali. — E apontou para uma parede enorme e ainda vazia.

O quadro já estava encostado na parede, suportado pelo chão, aguardando ser elevado ao seu lugar. Assim se fez. Contemplaram aquela imagem longamente.

FALA 33

Nosso fruto.

AO SAÍREM DAQUELE MUSEU, por uma porta que não a que usaram para entrar, encontraram um grande pomar que se escondia daqueles que nunca fizeram uma jornada para dentro de sua história, que nunca visitaram seu próprio museu.

A variedade de frutos era bem grande. Alguns bastante conhecidos e outros inéditos, tanto aos olhos como ao paladar. Deram-se o direito de experimentar alguns deles. Gostaram de uns mais do que de outros. Direto do pé, puderam saborear cada fruto em sua originalidade. Um pomar natural oferecia os frutos como poderiam ser.

Entre um fruto e outro, mais uma fala brotou dos novos galhos da consciência e se fez nestas palavras:

"De seus galhos pendiam frutos maduros. Cada um era único, apesar de serem os mesmos, da mesma árvore. Cada fruto carregava um conjunto de sementes. Cada semente, uma promessa de inúmeros outros frutos.

Embora distantes da raiz, cada fruto estava intimamente ligado a ela. Apesar de cada parte daquela árvore se distinguir, parecendo entidades únicas, formavam uma coisa só. Assim é e assim deve ser.

Na individualidade se tem seu potencial próprio. Contudo a plenitude de sua realização não está mais em tal idiossincrasia, e sim na coletividade inerente ao seu natural pertencimento a um sistema.

Que coisa incrível. Uma única semente carrega a potencialidade do tornar-se em si mesma um novo sistema. Mas curiosamente, enquanto semente, sua promessa de frutos futuros depende de seu mergulho em um solo que a possa acolher fazendo dela, agora, parte de algo maior. Um sistema que acolhe a promessa de um sistema por vir.

Se o solo for adequado e a semente saudável criarão uma ligação que poderá produzir frutos, outros muitos, que vão quase que infinitamente além de seu tamanho inicial. Embora apenas uma árvore, seus frutos e sementes, estamos olhando para algo muito maior. Trata-se do todo e de todos. Em uma interação de incrível complexidade. Compreender que essa é a dinâmica da vida é essencial para que nossos próprios frutos possam nascer e suas sementes se espalharem.

O que criamos estará ligado às nossas raízes. Perder de vista essa ligação não irá fazê-la desaparecer. Mas desconhecê-la poderá enfraquecê-la como que estrangulando a nutrição necessária para que o fruto se desenvolva adequadamente.

Mais do que uma árvore, somos um pomar inteiro com a possibilidade de gerar diferentes rebentos. Quais? Aqueles que residem nas sementes que você plantou e que em você foram plantadas. Elas vingarão se encontrarem terreno adequado. Contudo, não estamos falando apenas de sementes para frutos saborosos. As ervas daninhas são também carregadas pelo mesmo vento e pelas asas que voam sobre outros campos. Todas lhes serão entregues e algumas serão acolhidas. A sabedoria será do jardineiro que as deverá selecionar. Mas desconhecemos muito desse mundo. Devemos conhecer as sementes para podermos escolher bem.

Assim o terreno em que você estiver e também for, determinará o que poderá crescer. Daquilo que for fertilizado brotará e se tornará visível.

Em alguns casos será belo, mesmo que daninha, e poderá iludir os olhos desatentos. Mas estará lá esforçando-se para crescer mais e mais. Aquilo que cresce e dá flores e frutos não é bom nem ruim, mas será a denúncia de quais sementes estão vingando e qual o tipo de terreno você se tornou e também adentrou.

As ervas e os frutos não serão culpados por serem o que são. A culpa também será aliviada daqueles que as trouxeram. A culpa caberá àquele que lhes permite crescer e fortalecer suas raízes. A culpa é de quem você é neste momento. Ela é denunciada pelos frutos e flores, mas essas não são culpadas, apenas mensageiras do terreno que as acolheu.

Talvez seu terreno possa acolher outras sementes, ou não. Se sim, que se vá em busca delas, enquanto se eliminam as ervas indesejadas. Senão, o terreno está condenado a acolher somente o que não deveria prosperar. Nesse caso a terra terá que ser mexida.

Seus entremeios revirados e quem sabe outra terra terá que ser misturada àquela presente.

Um trabalho árduo sob o sol, produtor de calor, cortes e suor. Digno contudo. Mas quem vai desejá-lo? Aquele que compreendeu que é parte de um sistema muito grande e que, embora parte, é também um sistema em si, mas jamais isolado."

Terminaram de saborear alguns dos frutos encontrados. Atravessaram o pomar todo e seguiram a caminhada por uma nova trilha. Sem que falassem mais nada, pensaram juntos sobre os dias que se passaram. Deste pensar frutificou mais uma fala, que ao invés de voz encontrou apenas nos pensamentos o seu lugar e uma despedida que os uniu. Pensaram assim:

FALA 34

Todos os dias.

"TODOS OS DIAS devem ser assim.
Mas somente para os fortes em seu propósito.

Todos os dias deve-se repetir vencendo o tédio,
a falta de ânimo, o desgosto, a frustração.

Todos os dias vencendo o cansaço, a monotonia,
a tristeza e a falta de visão.

Nem todos os dias seu propósito arderá
ao ponto de colocar a fornalha
de seus desejos em erupção.

Nem todos os dias
seu sonho lhe será pertinente,
persistente, encantador.

Nem todos os dias você precisará colocar tanta força para prosseguir.

Em alguns dias sua vontade será avassaladora
e percorrerá um caminho tão longo
que seus olhos perderão de vista seu ponto de partida.

*Em alguns dias sua visão será tão clara
que suas palavras se formarão embebidas de significados
profundos e que ainda dispensarão qualquer explicação.*

*Em alguns dias você terá a sensação
de que o caminho em que se está
não poderia ser outro.*

*Mas todos esses dias se mesclarão
formando o mosaico da vida que se vive.
Um dia após o outro,
que embora se repita
nunca é o mesmo.
Nem poderia ser.
Mas em sua repetição
se esconde um guia
para quem busca uma ascensão.
Seja na carreira,
na família,
em algum papel
ou de sua alma.*

*Esconde-se em cada dia a sua repetição.
Assim ele se estende ao infinito
quase tocando outra dimensão.*

*Aquele que como o dia se faz entender
suas próprias intempéries,
sua beleza,
sua luz
e sua escuridão.*

*Aquele que como o dia se fez,
levantou-se apesar do cansaço.
Abriu seus braços e se acolheu
mesmo que em seu colo
se acomodasse um peso insuportável.
Fez o que se propôs fazer
mesmo que sua mente turva
e seus olhos embaçados
o tentasse a duvidar.*

*Aquele que se fará como o dia
repousará em paz
mesmo sob um céu escuro
e riscado por uma lua que mingua.
Sonhará em seu sono necessário e merecido
sugestões e provocações.
Levantar-se-á
mesmo que as persistentes nuvens encubram seu brilho.*

*Para um dia
ao somar todos os vividos
olhe para trás
e veja a história que construiu
porque a desejou,
mesmo que ao olhar para o dia de sua retrospectiva
encontre construído
algo diferente
do que um dia
seus olhos
vislumbraram.*

Nesse dia se fez por inteiro.

NOTA

do autor

A ESCRITA ME PERSEGUE há muito tempo. Como sombra, porém, embora sempre presente, pouco foi notada como uma companheira inseparável e necessária. Tal qual aquela amiga de infância, que sempre ao seu lado lhe dando ouvidos, conforto e risos, mas que jamais foi percebida em seu amor genuíno e puro, daqueles que só lhe querem o bem.

Como sombra, mas além disso. Transcende a necessidade de luz para se fazer presente. É capaz de surgir em meio à escuridão fazendo-se então a gênese de si mesma. Ao fazê-lo torna-se ainda mais presente e importante. Nos momentos tenebrosos, que inevitavelmente sucumbem qualquer alma em corpo vivente, faz-se um caminho mais seguro, linear mesmo que por vezes confuso.

Curiosamente, ao me ajudar a tocar minha própria confusão, pude vê-la com mais clareza. Ver o quanto realmente estava
confuso . Paradoxalmente isso ajudou e sempre ajuda a ganhar uma dimensão mais correta daquilo que habita aquela caverna profunda dos tempos tenebrosos.

Em suas curvas, que minha mão delineava e assim tocava, podia ver melhor a silhueta de minha própria existência. Tal companheira jamais me deixou e promete jamais deixar. Parecem juras de amor que vencem o mar de distância e se faz ouvir na alma, que só conhece o espaço da carne que habita.

Desse tipo de promessa, verdadeira e eterna, não se deve, sequer, desejar escapar por entre os dedos. Se por algum motivo isso viesse a acontecer ao tocar a mão encontraria uma caneta e um papel prontos a recebê-la nessa fugaz tentativa de ir por vontade que não é sua.

Ainda assim ela tornou-se por muito tempo um meio no qual se negou. Em efeito contrário, quanto mais eu a usava para dela escapar mais presente ela se fazia. Creio que isso só é possível onde há amor. Daqueles que exalam sua essência por fazer parte daquele que é objeto de seu próprio amor.

Sim, a escrita pode nos amar, e sua existência se faz real quando exaurida em sua prática. Desde devaneios estranhos a ideias claras e precisas ela não faz distinção. Ela é meio. Não julga, muito pelo contrário, por ela qualquer ente habitante do imaginário e dos sentimentos ganha vida. Ainda fico por entendê-la e mesmo sem fazê-lo completamente aprendi a lançar-me em seus braços, em suas curvas, em sua poética, mesmo que por muitas vezes não alcance a lógica.

Que a escrita me permita, para sempre criar, e nela me encontrar. Há, porém, um além. Algo que transcende aquele que a usa para seu próprio bem, pois ela em si está acabada sem jamais terminar.

Avança sua obra por cima da carne e do papel que a retém. Alcança outras ideias, mistura-se com elas e nelas se faz algo novo. Uma intimidade, que sem revelar sua privacidade desnuda-se a olhos alheios e convida-os a deslizarem em suas curvas e serifas, em suas vírgulas e acentos, enfim, em suas ideias, que um dia foram minhas, mas que por elas se fazem insumo a novas, quem sabe as suas.

Ah! Ele falou para a Arya que tudo estaria registrado, tal registro é este pequeno livro, que você, leitor, tem em mãos.

Obrigado por ler este texto que teve, para sua completude, a participação do cinzel de Santiago Fontoura, que com a habilidade de um grande escultor das palavras me ajudou a finalizar esta obra.

SUGESTÃO DE LEITURA

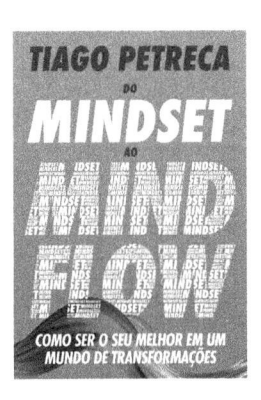

DO MINDSET OU MINDFLOW
*Como ser o seu melhor em um
mundo de transformações*

**DVS
EDITORA**

www.dvseditora.com.br